EUROPA LEHRMITTEL

Karin Beuting-Lampe

Ausbilden in der Hauswirtschaft

Handbuch für die Ausbildungspraxis

2. Auflage

D1687966

VERLAG EUROPA-LEHRMITTEL · Nourney, Vollmer GmbH & Co. KG
Düsselberger Straße 23 · 42781 Haan-Gruiten
Europa-Nr.: 60198

Autorin
Karin Beuting-Lampe, Wesel

Frau Karin Beuting-Lampe hat sich nach 20-jähriger Tätigkeit als hauswirtschaftliche Betriebsleiterin mit einem Beratungs- und Schulungsunternehmen selbstständig gemacht. In berufsbegleitenden Studiengängen hat sie sich zur Bildungsmanagerin und zur Betriebswirtin qualifiziert.

Verlagslektorat
Anke Vöpel

Fotografien
Guido Adolphs, 42899 Remscheid

Illustration:
Fotostudio Eginhard Brandt, Wesel

Das vorliegende Buch wurde auf der **Grundlage der aktuellen Rechtschreibregeln erstellt.**

2. Auflage 2011

Druck 5 4 3 2 1

Alle Drucke derselben Auflage sind parallel einsetzbar, da sie bis auf die Behebung von Druckfehlern untereinander unverändert sind.

ISBN 978-3-8085-6025-9

http://www.europa-lehrmittel.de
Satz u. Druck: Heinrich Matten GmbH & Co. KG, 46562 Voerde

Vorwort

Der vorliegende Titel „**Ausbilden in der Hauswirtschaft – Handbuch für die Ausbildungspraxis**“ ist als praxisbezogenes Arbeitsbuch für Ausbilder in der Hauswirtschaft konzipiert. Es spricht nicht nur zukünftige Ausbilder an, die sich berufs- und arbeitspädagogische Grundlagen erarbeiten wollen, sondern auch erfahrene Ausbilder, die ihre Ausbildungsmethoden überprüfen und ihren Erfahrungsschatz vertiefen möchten.

Neu in der 2. Auflage
Die Auflage wurde vollständig überarbeitet und entspricht somit in Inhalt, Ziel, Aufgaben und Methoden der Ausbilder-Eignungsverordnung (AEVO) vom Januar 2009. Der Inhalt geht von der handlungsorientierten Ausbilder-Eignungsverordnung aus und ist entsprechend in **vier Handlungsfelder** strukturiert:

1. Ausbildungsvoraussetzungen prüfen
2. Ausbildung vorbereiten und bei der Einstellung von Auszubildenden mitwirken
3. Ausbildung durchführen
4. Ausbildung abschließen

Für die Prüfung zum **Meister**/zur **Meisterin in der Hauswirtschaft** wurde das Handlungsfeld „Mitarbeiterführung und Zusammenarbeit im Betrieb“ erweitert.

In den gesetzlichen Grundlagen wird auf das im Jahr 2005 novellierte Berufsbildungsgesetz (BBiG) Bezug genommen. Herzstück des Buches bilden die umfangreichen Darstellungen und Impulse für ein handlungsorientiertes Lernen und Ausbilden.

Um das Buch lesefreundlich zu halten, ist es in weiblicher Form geschrieben. Alle männlichen Vertreter im Berufsfeld Hauswirtschaft mögen sich ebenso herzlich angesprochen fühlen.

Wir wünschen allen Ausbildern in der Hauswirtschaft und allen, die sich beruflich fortbilden wollen, viel Freude und Erfolg mit diesem Buch. Kritische Hinweise und Vorschläge, die der Weiterentwicklung des Buches dienen, nehmen wir dankbar entgegen.

Im Frühjahr 2011 *Karin Beuting-Lampe und Verlag*

Geleitwort

Ausbilden in der Hauswirtschaft

Der sprichwörtliche Fachkräftemangel lässt die Hauswirtschaft nicht aus. In vielen Betrieben fehlen bereits heute qualifizierte Fachkräfte, um den steigenden Anforderungen an die Versorgung der Menschen gerecht zu werden. Auch wenn vielleicht in der Vergangenheit die Ausbildung in der Hauswirtschaft eine nachrangige Bedeutung hatte – die Zunahme von Außer-Haus-Verpflegung, der Bedarf an haushaltsnahen Dienstleistungen und nicht zuletzt die Zunahme zu betreuender älterer Menschen verlangen qualifizierte Fachkenntnisse der Mitarbeiter/Mitarbeiterinnen, was auch aus der Verordnung über die Berufsausbildung zum Hauswirtschafter/zur Hauswirtschafterin von 1999 deutlich hervorgeht.

Qualifizierte Fachkräfte hat die Gesellschaft aber nur dann, wenn die Bereitschaft besteht auszubilden!

Karin Beuting-Lampe hat mit dem Buch „Ausbilden in der Hauswirtschaft" die berufs- und arbeitspädagogischen Grundlagen für die betriebliche Ausbildung aus 2005 aktuell ergänzt. Das vorliegende Werk bearbeitet daher folgerichtig zu Beginn die Voraussetzungen des Betriebes für die Ausbildung. Neben dem Imagegewinn, den ein Ausbildungsbetrieb erzielt und vermarkten kann, werden die finanziellen Aufwendungen für die Ausbildung gleichermaßen beschrieben, wie die Anforderungen an Ausbilderinnen und die Struktur der Ausbildung im gesellschaftlichen Kontext. Hat sich ein Betrieb entschieden auszubilden, dann ist es sicherlich hilfreich für die Ausbilderin selbst sowie für die Fachkräfte, die die Ausbilderin unterstützen, sich mit modernen Lernmethoden ebenso wie mit den Rahmenbedingungen für die Motivation vertraut zu machen. Die Autorin begleitet die Ausbilderin mit ihren Anregungen und Beispielen durch die Ausbildung. Ob Leistungsbeurteilung, Zwischen- oder Abschlussprüfung: Karin Beuting-Lampe macht an Beispielen aus der betrieblichen Praxis deutlich, wie Auszubildende zu fordern und zu fördern sind.

Abgeschlossen wird dieses Buch mit Ausführungen über Mitarbeiterführung und die Zusammenarbeit im Betrieb. Auch für Fachkräfte, die schon lange in Betrieben tätig sind, ist es möglich, anhand der hier angesprochenen Themen wie Grundlagen der Kommunikation oder der Empfehlung zur Fortbildung, das eigene Verhalten neu zu reflektieren. Dabei helfen Praxisbeispiele, in denen sich die hauswirtschaftlichen Kräfte leicht wiedererkennen.
Karin Beuting-Lampe gelingt es, mit dem vorliegenden Werk rund um Ausbildung in der Hauswirtschaft Fach- und Führungskräften ein Buch an die Hand zu geben, das gleichermaßen durch seine große Fachkenntnis wie durch seine klaren Aussagen besticht.
Wir hoffen, dass nicht nur Ausbilderinnen sich mit diesem Buch durch eine gelingende Ausbildung leiten lassen, sondern auch Entscheider in Betrieben sich motivieren lassen, zukünftig auszubilden und hauswirtschaftliche Ausbildung zu fördern.
Viel Freude beim Lesen und Umsetzen wünschen

Petra Stubakow
Vorsitzende
Bundesverband hauswirtschaftlicher
Berufe MdH e. V.

Anne Göbbels-Wolters
1. Vorsitzende
Berufsverband Hauswirtschaft e. V.

Christina Hohmann-Schaub
Leitungsteam der Bundesarbeitsgemeinschaft
Hauswirtschaft (BAG-HW)

Weinstadt und Hambergen, Frühjahr 2011

Inhaltsverzeichnis

Seite

Handlungsfeld 1

Ausbildungsvoraussetzungen prüfen

1.1 Vorteile und Nutzen einer betrieblichen Ausbildung

1.1.1 Vorteile einer betrieblichen Ausbildung

Erinnern Sie sich an Ihre eigene Ausbildung? Jedem, der selbst eine betriebliche Ausbildung durchlaufen hat, liegen die Gründe auf der Hand.

Nach der Ausbildung zur Hauswirtschafterin hat die ehemalige Auszubildende ein praxiserprobtes Fachwissen erworben, mit dem sie sich entweder im Ausbildungsbetrieb oder in einem anderen Unternehmen kundenorientiert und unter wirtschaftlichen und qualitätssichernden Gesichtspunkten einsetzen kann. Sie kann Kunden hauswirtschaftlich kompetent versorgen und betreuen und übernimmt Verantwortung für Arbeitsorganisation, Hygiene, Umwelt- und Gesundheitsschutz. Sie ist in der Lage, eine Hauswirtschaftsleitung in Teilbereichen zu vertreten; und sie hat mit ihrer Ausbildung die Grundlage für eine Weiterbildung in hauswirtschaftlichen oder angrenzenden Berufen geschaffen.

Sie hat sich in den drei Jahren der Ausbildung persönlich weiterentwickelt und hat Erfahrungen im Umgang mit unterschiedlichen Menschen gesammelt - mit Vorgesetzten, Kolleginnen, Kunden - einschließlich aller Konflikte der beruflichen Realität. Und sie hat sich mit ihrer Ausbildung eine Existenzsicherung geschaffen, die auch heute noch langfristig mehr soziale Sicherheit bietet als eine an- oder ungelernte Tätigkeit.

Ein Betrieb, der ausbildet, bleibt jung und bei engagierten Ausbilderinnen fachlich aktuell. Wettbewerbsvorteile liegen auf der Hand, das Image des Betriebes steigt. Ausbildung bedeutet Personalentwicklung, denn ohne langfristiges Denken kann ein Betrieb schnell ohne hauswirtschaftliche Fachkräfte dastehen.

Zum Ausbildungsjahr 2009 haben 566.004 Jugendliche in Deutschland einen Ausbildungsvertrag abgeschlossen, 3.997 davon in der Hauswirtschaft.

So vertiefen Sie das Thema:

Diskutieren Sie Vor- und Nachteile der betrieblichen Ausbildung mit unterschiedlichen Interessengruppen. Überlegen Sie, welche Motive Sie selbst leiten, auszubilden.

1.1.2 Betriebswirtschaftlicher Nutzen der Ausbildung

Das Bundesinstitut für Berufsbildung hat 2007 eine statistische Untersuchung durchgeführt, nach der im Durchschnitt aller Ausbildungsberufe in Deutschland ein Ausbildungsplatz pro Jahr brutto 15.288 € kostet. Die Bruttokosten für die Ausbildung setzen sich aus vier Kostenarten zusammen:

1. Personalkosten der Auszubildenden:
   Ausbildungsvergütung und Nebenkosten
2. Personalkosten der Ausbilderinnen, in der Hauswirtschaft meist nebenberufliche Ausbilderinnen:
   anteiliges Entgeld und Nebenkosten
3. Anlage- und Sachkosten, in der Hauswirtschaft nur Sachkosten, da alle Geräte, Maschinen und Arbeitsmittel des laufenden Betriebes für die Ausbildung genutzt werden
4. Sonstige Kosten:
   Fachliteratur, Medien, Lernsoftware, überbetriebliche Ausbildungsphasen, gesetzlich vorgeschriebene Untersuchungen, Prüfungsgebühren, Verwaltungskosten

Die Erträge, die den Kosten von 15.288 € gegenüberstehen, errechnen sich aus der Bewertung der jährlichen produktiven Leistung einer Auszubildenden. Sie werden in der Untersuchung mit 11.692 € pro Jahr beziffert.

Die Differenz aus Bruttokosten und Erträgen ergeben die Nettokosten der Ausbildung, hier statistisch 3.596 € pro Jahr.

Die Einsparung von Einstellungs- und Einarbeitungskosten kann auf ca. 8.000 € geschätzt werden. Bei einer dreijährigen Ausbildung stehen also die Bruttokosten in Höhe von (3 x 3.596 €) = 10.788 € dem bezifferbaren Nutzen von 8.000 € gegenüber. Die Differenz beträgt 2.788 €, also pro Ausbildungsjahr 929 € bzw. 77 € pro Monat.

Zahlenmäßig nicht zu erfassen sind der Wettbewerbsvorteil und der Imagegewinn, den sich der Betrieb durch Ausbildung verschafft. Dieser übersteigt die jährlichen Kosten von 929 € aber bei Weitem.

Bruttokosten eines Ausbildungsplatzes pro Jahr	15.288 €
- Erträge eines Ausbildungsplatzes pro Jahr	11.692 €
= Nettokosten eines Ausbildungsplatzes pro Jahr	3.596 €

Nettokosten eines Ausbildungsplatzes in drei Jahren	10.788 €
- Einstellungs- und Einarbeitungskosten pro Mitarbeiter	ca. 8.000 €
= bezifferbare Kosten des Betriebes für drei Jahre	2.788 €
Bezifferbare Kosten des Betriebes für ein Jahr Bezifferbare Kosten des Betriebes für einen Monat	929 € 77 €

Die Kosten für einen hauswirtschaftlichen Ausbildungsplatz sind nicht untersucht. Sie dürften aber geringer ausfallen, da die Kosten sowohl für Personal als auch für Anlagen niedriger als im Durchschnitt liegen.

2009 betrug die Ausbildungsvergütung im Durchschnitt 666 €, die in der Hauswirtschaft 565 €. Zum Vergleich: Fachkraft im Gastgewerbe 558 €, Gebäudereiniger 615 €, Floristen 460 €, Raumausstatter 441 €.

1.2 Planung und Entscheidung über Ausbildungsbedarf auf Grundlage der rechtlichen und betrieblichen Rahmenbedingungen

1.2.1 Feststellung des Ausbildungsbedarfs

Betriebe müssen ihren Personalbedarf langfristig planen. Dies ist Aufgabe der Abteilung „Personalentwicklung“ (PE). Die PE untersucht, welcher qualitative und welcher quantitative Personalbedarf für die Zukunft zu erwarten ist und richtet hiernach den Ausbildungsbedarf aus.

Hinter dem qualitativen und quantitativen Personalbedarf stehen zwei grundsätzliche Fragen:

- Qualitativer Personalbedarf: Welche Qualifikationen müssen die Mitarbeiter haben, um den Betrieb wettbewerbsfähig zu halten?
- Quantitativer Personalbedarf: Wie viele Mitarbeiter benötigt der Betrieb, um wettbewerbsfähig zu bleiben?

Dabei spielen betriebsinterne und -externe Einflussfaktoren eine Rolle:

Interne Einflussfaktoren:

- Unternehmenspolitik und -ziele
- Personalpolitik
- Altersstruktur der Mitarbeiter
- Kundenzielgruppe
- konzeptionelle Grundlagen
- Leistungsbeschreibung
- technischer Stand der Arbeitsmittel
- soziale Aspekte der Personalarbeit
- Arbeitsorganisation

Externe Einflussfaktoren:

- gesellschaftspolitische Entwicklungen
- Entwicklungen des Arbeitsmarktes
- technische Entwicklungen
- gesetzliche Rahmenbedingungen
- Tarifverträge

So vertiefen Sie das Thema:

Stellen Sie die Altersstruktur der hauswirtschaftlichen Mitarbeiter in Ihrer Einrichtung fest. Welche Fachkräfte scheiden in den nächsten fünf Jahren aus? Welcher Bedarf an Nachwuchskräften besteht bei Ihnen – auch unter der Berücksichtigung Ihrer Kundenzielgruppe?

1.2.2 Gesetzliche Rahmenbedingungen

Berufsbildungsgesetz (BBiG)

Das BBiG bildet die rechtliche Grundlage für die Berufsausbildung, für die berufliche Fortbildung und Umschulung und die Berufsbildung für besondere Personengruppen. Im weiteren Verlauf wird in den Handlungsfeldern an den entsprechenden Stellen Bezug auf die einschlägigen Paragrafen des BBiG genommen.

- Berufsausbildung
  Mit der Berufsausbildung erwerben die Auszubildenden berufliche Handlungsfähigkeit und Berufserfahrung. Die Berufsausbildung bereitet auf eine qualifizierte berufliche Tätigkeit vor. Jedem Ausbildungsberuf liegt eine Ausbildungsverordnung zu Grunde. In der Hauswirtschaft ist dies die „Ausbildungsverordnung zur Hauswirtschafterin/zum Hauswirtschafter".

- Berufliche Fortbildung
  Mit beruflichen Fortbildungen erwerben Fachkräfte eine Qualifikation, mit der sie beruflich aufsteigen können. Fortbildung im Sinne des BBiG ist z. B. die Fortbildung zur Meisterin/zum Meister in der Hauswirtschaft.
  Weiterbildungen, z. B. zur hauswirtschaftlichen Betriebsleiterin/zum hauswirtschaftlichen Betriebsleiter sind nicht im BBiG geregelt, sondern in den Schulgesetzen der Bundesländer.

- Umschulung
  Umschulungen vermitteln wie die Berufsausbildung berufliche Handlungsfähigkeit. Sie unterscheidet sich von der Ausbildung dadurch, dass die Umschüler zuvor einen anderen Beruf erlernt hatten, den sie aber nicht mehr ausüben können.
  Die Gründe dafür können in der Entwicklung der Arbeitswelt liegen (ein Beruf stirbt aus) oder in der Person selbst (ein Facharbeiter aus einem Metallberuf hat eine Nickelallergie und lässt sich zum Hauswirtschafter umschulen).

- Berufsbildung für besondere Personengruppen

  Berufsausbildungsvorbereitung
  Berufsausbildungsvorbereitungen sind Maßnahmen, die gering qualifizierte junge Menschen, die noch nicht ausbildungsfähig sind, mit sog. „Qualifizierungsbausteinen" an das Berufsleben heranführen.

  Berufsbildung behinderter Menschen
  Grundsätzlich sollen Menschen mit Behinderungen dieselbe Ausbildung durchlaufen können wie Menschen ohne Behinderungen. Wenn die Art und Schwere der Behinderung jedoch keine „Vollausbildung" zulässt, besteht die Möglichkeit, eine Ausbildung zu durchlaufen, die der Art der Behinderung angepasst ist. Diese Ausbildungen werden auf Länderebene geregelt, daher gibt es hier unterschiedliche Abschlüsse, z. B. Hauswirtschaftshelferin, Dienstleistungshelfer/in Hauswirtschaft

Das BBiG besteht aus sieben Teilen. Den vollen Wortlaut des Gesetzes finden Sie unter www.gesetze-im-internet.de/bbig_2005/index.html

Teil 1: Allgemeine Vorschriften	§§ 1-3
Teil 2: Berufsbildung	
Kapitel 1: Berufsausbildung	
Abschnitt 1: Ordnung der Berufsausbildung; Anerkennung von Ausbildungsberufen	§§ 4-9
Abschnitt 2: Berufsausbildungsverhältnis	
Unterabschnitt 1: Begründung des Ausbildungsverhältnisses	§§ 10-12
Unterabschnitt 2: Pflichten der Auszubildenden	§ 13
Unterabschnitt 3: Pflichten der Ausbildenden	§§ 14-16
Unterabschnitt 4: Vergütung	§§ 17-19
Unterabschnitt 5: Beginn und Beendigung des Ausbildungsverhältnisses	§§ 20-23
Unterabschnitt 6: Sonstige Vorschriften	§§ 24-26
Abschnitt 3: Eignung von Ausbildungsstätte und Ausbildungspersonal	§§ 27-33
Abschnitt 4: Verzeichnis der Berufsausbildungsverhältnisse	§§ 34-36
Abschnitt 5: Prüfungswesen	§§ 37-50
Abschnitt 6: Interessenvertretung	§§ 51-52
Kapitel 2: Berufliche Fortbildung	§§ 53-57
Kapitel 3: Berufliche Umschulung	§§ 58-63
Kapitel 4: Berufsbildung für besondere Personengruppen	
Abschnitt 1: Berufsbildung behinderter Menschen	§§ 64-67
Abschnitt 2: Berufsausbildungsvorbereitung	§§ 68-70
Teil 3: Organisation der Berufsbildung	
Kapitel 1: Zuständige Stellen, zuständige Behörden	
Abschnitt 1: Bestimmung der zuständigen Stelle	§§ 71-75
Abschnitt 2: Überwachung der Berufsbildung	§ 76
Abschnitt 3: Berufsbildungsausschuss der zuständigen Stellen	§§ 77-80
Abschnitt 4: Zuständige Behörden	§ 81
Kapitel 2: Landesausschüsse für Berufsbildung	§§ 82-83
Teil 4: Berufsbildungsforschung, Planung und Statistik	§§ 84-88
Teil 5: Bundesinstitut für Berufsbildung	§§ 89-101
Teil 6: Bußgeldvorschriften	§ 102
Teil 7: Übergangs- und Schlussvorschriften	§§ 103-105

Jugendarbeitsschutzgesetz (JArbSchG)

Haben Auszubildende das 18. Lebensjahr noch nicht vollendet, gelten für sie die Vorschriften des Jugendarbeitsschutzgesetzes. Den vollen Wortlaut des Gesetzes finden Sie unter www.gesetze-im-internet.de/jarbschg/.Hier die wichtigsten Schutzvorschriften:

Arbeitszeit

Wöchentliche Arbeitszeit:
Jugendliche dürfen nicht länger als acht Stunden täglich und 40 Stunden wöchentlich beschäftigt werden; im Ausnahmefall bis zu achteinhalb Stunden. Wenn an einzelnen Werktagen die Arbeitszeit auf weniger als acht Stunden verkürzt ist, können Jugendliche an den übrigen Werktagen derselben Woche achteinhalb Stunden arbeiten (§ 8).

Freistellung Berufsschule und andere Ausbildungsmaßnahmen:
Der Arbeitgeber muss die Jugendlichen für den Berufsschulunterricht und für die Teilnahme an Prüfungen und Ausbildungsmaßnahmen freistellen. Ebenso muss er Auszubildenden den Tag vor der schriftlichen Abschlussprüfung frei geben (§ 9,10).

Ruhepausen:
Bei einer Arbeitszeit von viereinhalb bis sechs Stunden müssen Jugendliche eine 30-minütige Ruhepause einlegen, bei mehr als sechs Stunden Arbeitszeit eine 60-minütige Pause (§11).

Freizeit und Nachtruhe:
Zwischen 20 und 6 Uhr dürfen Jugendliche nicht beschäftigt werden und zwischen zwei Arbeitsschichten müssen mindestens 12 Stunden liegen. Am Tag vor der Berufsschule dürfen Jugendliche nicht nach 20 Uhr arbeiten (§§13,14).

Fünf-Tage-Woche, Samstags- und Sonntagsarbeit:
Jugendliche arbeiten in einer Fünf-Tage-Woche (§15), Auszubildende in der Hauswirtschaft dürfen bei entsprechendem Freizeitausgleich auch Samstag und Sonntag arbeiten. Es gilt jedoch: Mindestens zwei Samstage pro Monat sollten frei sein und zwei Sonntage pro Monat müssen frei sein (§§ 16,17).

Feiertagsarbeit:
An folgenden Feiertagen besteht absolutes Beschäftigungsverbot für Jugendliche: 1. Weihnachtstag, Neujahr, 1. Osterfeiertag und 1. Mai, außerdem an Heiligabend und Silvester nach 14 Uhr.

Urlaub:
Jugendliche bis 16 Jahre erhalten mindestens 30 Werktage Urlaub, bis 17 Jahre 27 Tage und bis 18 Jahre 25 Tage (§19).

Gefährliche Arbeiten und gesundheitliche Betreuung

Gefährliche Arbeiten:
Auszubildende dürfen gefährliche Arbeiten nur unter Aufsicht von Fachpersonal und nach vorheriger Unterweisung durchführen (§22).

Menschengerechte Gestaltung der Arbeit:
Ausbilderinnen müssen prüfen, ob die Arbeiten, die Auszubildenden übertragen werden, für Jugendliche geeignet sind. Dies betrifft drei Bereiche: den Umgang mit Maschinen und Geräten, schwere körperliche Arbeit und seelische Belastungen (§ 28).

Unterweisung über Gefahren
Zu Beginn und in angemessenen Zeitabständen (mindestens halbjährlich) müssen Jugendliche über Unfall- und Gesundheitsgefahren unterrichtet werden und darüber, wie sie sich davor schützen können (§ 29).

Gesundheitliche Betreuung:
Auszubildende müssen sich vor Beginn der Ausbildung einer Erstuntersuchung beim Arzt unterziehen und dem Arbeitgeber eine Bescheinigung dazu vorlegen. Nach einem Jahr erfolgt eine Nachuntersuchung (§§ 32-46).

Mutterschutzgesetz (MuSchG)

Werden Auszubildende während ihrer Ausbildung schwanger oder sind stillende Mütter, gelten für sie die Vorschriften des Mutterschutzgesetzes. Den vollen Wortlaut des Gesetzes finden Sie unter www.gesetze-im-internet.de/muschg/index.html Hier die wichtigsten Schutzvorschriften:

Gestaltung des Arbeitsplatzes:
Der Arbeitsplatz einschließlich Geräte und Maschinen muss so gestaltet sein, dass für die werdende oder stillende Mutter keine Gefährdung entsteht. Dazu gehören auch die Bereitstellung von Sitz- und Liegemöglichkeiten (§ 2).

Beschäftigungsverbote:
Arbeiten, bei denen die Gesundheit von Mutter und Kind gefährdet werden können, unterliegen dem Beschäftigungsverbot, z. B. schweres Heben, längeres Arbeiten im Stehen. Beschäftigungsverbot besteht auch sechs Wochen vor der Entbindung, es sei denn, die werdende Mutter erklärt sich ausdrücklich bereit, zu arbeiten. Die Zeit des Beschäftigungsverbots nach der Entbindung beträgt acht Wochen (§§ 4, 6).

Mitteilungspflicht:
Werdende Mütter müssen ihrem Arbeitgeber ihre Schwangerschaft mitteilen, sobald sie ihnen bekannt ist. Sie legen dazu das Zeugnis eines Arztes oder einer Hebamme vor (§5).

Stillzeit:
Stillende Mütter haben Anspruch auf mindestens einmal täglich eine Stunde oder zweimal täglich eine halbe Stunde Stillzeit. Sie ist zusätzlich zu den regulären Ruhepausen zu gewähren und darf nicht vor- oder nachgearbeitet werden (§7).

Arbeitszeit:
Nachtarbeit zwischen 20 und 6 Uhr und Arbeit an Sonn- und Feiertagen ist nicht gestattet. Es gelten jedoch für einige Bereiche der Hauswirtschaft Ausnahmeregelungen (§8).

Kündigungsschutz:
Für Schwangere besteht ein uneingeschränkter Kündigungsschutz.

Weitere Gesetze und Verordnungen und ihre Quellen im Internet

Gesetz/Verordnung	Quelle im Internet
Grundgesetz (GG) besonders § 12, Abs. 1: freie Berufswahl	www.gesetze-im-internet.de/gg/index.html
Bundesausbildungsförderungsgesetz (BaföG)	www.gesetze-im-internet.de/baf_g/index.html
Allgemeines Gleichbehandlungsgesetz (AGG)	www.gesetze-im-internet.de/bundesrecht/agg/gesamt.pdf
Arbeitsschutzgesetz (ArbSchG)	www.gesetze-im-internet.de/arbschg/
Bundeselterngeld- und Elternzeitgesetz (BEEG)	www.gesetze-im-internet.de/bundesrecht/beeg/gesamt.pdf
Bundesurlaubsgesetz (BUrlG)	www.gesetze-im-internet.de/burlg/
Entgeltfortzahlungsgesetz (EntgFG)	www.gesetze-im-internet.de/entgfg/index.html
Kündigungsschutzgesetz (KSchG)	http://www.gesetze-im-internet.de/kschg/BJNR004990951.html
Betriebsverfassungsgesetz (BetrVG) besonders Dritter Teil: Jugend- und Auszubildendenvertretung	www.gesetze-im-internet.de/betrvg/

1.3 Struktur des Berufsbildungssystems

1.3.1 Das Bildungswesen in Deutschland

Das Bildungswesen in Deutschland baut auf vier Stufen auf:

- Elementarbereich: Kindergarten
- Primärbereich: Grundschule
- Sekundarbereich
  - Sekundarbereich 1:
    Hauptschule, Realschule, Gesamtschule, Gymnasium
  - Sekundarbereich 2:
    Gymnasiale Oberstufe, duale Ausbildung im Betrieb und Berufsschule, Berufsfachschule, Fachoberschule, Berufsoberschule
- Tertiärer Bereich: Berufsakademie, Abendgymnasium, Fachhochschule, Universität

Der Besuch eines Kindergartens ist freiwillig. Im Primärbereich und im Sekundarbereich 1 bis zur 9. Klasse besteht gesetzliche Schulpflicht. Ab dem Sekundarbereich 2 kann jeder wählen, ob und welchen Bildungsgang er einschlägt.

Schulabschlüsse aller Schulabgänger im Jahr 2007

Schulabschluss	Anteil
Hochschul- und Fachhochschulreife	18,8 %
Realschulabschluss o. Ä.	42,3 %
Hauptschule mit Abschluss	31,7 %
Hauptschule ohne Abschluss	3,8 %
im Ausland erworbene Abschlüsse	3,4 %

Schulabschluss der Auszubildenden in der Hauswirtschaft im Jahr 2009 (Berufsbildungsbericht 2010)

Schulabschluss	Anteil
Hochschul- und Fachhochschulreife	1,3 %
Realschulabschluss o. Ä.	13,8 %
Hauptschule mit Abschluss	50,4 %
Hauptschule ohne Abschluss	32,9 %
im Ausland erworbene Abschlüsse	1,6 %

1.3.2 Die duale Ausbildung

Die duale Ausbildungsform findet an zwei verschiedenen Lernorten statt:

- im Betrieb bzw. in außerbetrieblichen Ausbildungsstätten und
- in der Berufsschule

Den Schwerpunkt im Betrieb bzw. in den außerbetrieblichen Ausbildungsstätten bildet die Fachpraxis. Sie wird in realen beruflichen Situationen trainiert. In der Berufsschule werden die praktischen mit den theoretischen Ausbildungsinhalten verknüpft. Zudem lernen die Auszubildenden weitere Betriebsarten und damit andere Personengruppen für hauswirtschaftliche Versorgungs- und Betreuungsleistungen kennen. Zusätzlich wird die Allgemeinbildung in die Lernsituationen einbezogen.

Gegenüberstellung Betrieb - Berufsschule

Betrieb bzw. außerbetriebliche Ausbildungsstätten	Berufsschule
Lerninhalte gemäß Ausbildungsverordnung mit Ausbildungsberufsbild	Lerninhalte gemäß Rahmenlehrplan mit Lernfeldern
Berufsbildungsgesetz	Schulgesetze der Bundesländer
Erlass durch Bundesministerium für Ernährung, Landwirtschaft und Verbraucherschutz und Bundesministerium für Arbeit und Soziales	Erlass durch Kultusministerien der Bundesländer
Überwachung durch die zuständigen Stellen	Überwachung durch die Schulämter

6 Berufsbildpositionen (Betrieb)

1 Der Ausbildungsbetrieb, betriebliche Zusammenhänge und Beziehungen

2 Arbeitsorganisation, betriebliche Abläufe und soziale Zusammenhänge

3 Betriebsräume und Betriebseinrichtungen

4 Hauswirtschaftliche Versorgungsleistungen

5 Hauswirtschaftliche Betreuungsleistungen

6 Fachaufgabe im Einsatzgebiet

13 Lernfelder (Berufsschule)

1 Die Berufsausbildung mitgestalten
2 Güter und Dienstleistungen beschaffen
3 Waren lagern
4 Speisen und Getränke herstellen und servieren
5 Personengruppen verpflegen
6 Personen zu unterschiedlichen Anlässen versorgen
7 Wohn- und Funktionsbereiche reinigen und pflegen
8 Textilien reinigen und pflegen
9 Wohnumfeld und Funktionsbereiche gestalten
10 Personen individuell wahrnehmen und beobachten
11 Personen individuell betreuen
12 Produkte und Dienstleistungen vermarkten
13 Hauswirtschaftliche Arbeitsprozesse koordinieren

Die Inhalte der Berufsbildpositionen und die Inhalte der Lernfelder sind aufeinander abgestimmt. Dazu ein Beispiel:

Rahmenlehrplan Lernfeld 4:
Speisen- und Getränke herstellen und servieren (1. Ausbildungsjahr)

Inhalte:
- Hygienemaßnahmen
- Unfallverhütungsvorschriften
- Einsatz ausgewählter Geräte und Maschinen
- Anwendung von Vorbereitungs- und Gartechniken
- Kenntnisse über die Inhaltsstoffe von Lebensmitteln und ihre küchentechnischen Eigenschaften
- Genuss-, Gesundheits- und Eignungswert sowie ökologischer Wert von Lebensmittel
- Lebensmittelauswahl nach saisonalen und regionalen Gesichtspunkten
- Convenience-Produkte
- Portionieren, Anrichten, Servieren und Verteilen von Speisen und Getränken
- Rechnen mit Maßen, Gewichten und Mengen
- Material- und Energiekosten
- Kostenvergleiche
- Abfallentsorgung

Ausbildungsverordnung (Grundbildung)

Berufsbildposition 1.4: Sicherheit und Gesundheitsschutz bei der Arbeit, u.a.
- Berufsbezogene Arbeitsschutz- und Unfallverhütungsvorschriften anwenden

Berufsbildposition 1.5: Hygiene, u.a.
- Grundsätze der Hygiene, insbesondere der Betriebs-, Produkt-, Prozess- und Personalhygiene erläutern
- Betriebsspezifische Maßnahmen zur Sicherung der Hygiene durchführen

Berufsbildposition 2.1: Arbeitsorganisation, u.a.
- Aufgaben unter Berücksichtigung betrieblicher Gegebenheiten, insbesondere nach wirtschaftlichen Gesichtspunkten planen und durchführen

Berufsbildposition 2.2: Qualitätssichernde Maßnahmen, u.a.
- Betriebliche Standards anwenden

Berufsbildposition 2.6: Betriebliche Geschäftsvorgänge, u.a.
- Einnahmen und Ausgaben für ausgewählte Leistungsbereiche erfassen

Berufsbildposition 3.1: Einsetzen von Maschinen, Geräten und Gebrauchsgütern

Berufsbildposition 4.1: Speisenzubereitung und Service, u.a.
- Lebensmittel nährstoffschonend vorbereiten und verarbeiten
- Arbeitstechniken und Garverfahren zur Herstellung von Speisen und Getränken anwenden
- Gebäcke herstellen
- Grundregeln des Eindeckens und Abräumens von Tischen
- Speisen und Getränke servieren

1.3.3 Weitere Ausbildungsformen und Durchlässigkeit des Berufsbildungssystems

Neben der dreijährigen dualen Ausbildung kann die Ausbildung zur Hauswirtschafterin auch über drei weitere Wege absolviert werden:

1. Außerbetriebliche Ausbildung:
   In vielen Regionen finden sich nicht genügend Betriebe, die eine hauswirtschaftliche Ausbildung anbieten. Aus diesem Grund haben sich immer mehr „außerbetriebliche Ausbildungsstätten" etabliert. Diese Ausbildungsform zählt auch zur dualen Ausbildung, da die angehenden Hauswirtschafterinnen sowohl in der außerbetrieblichen Ausbildungsstätte als auch in der Berufsschule lernen. Zusätzlich erwerben sie mit mehreren Praktika Praxiserfahrung in hauswirtschaftlichen Betrieben.

2. Berufsgrundbildungsjahr (einjährige Vollzeitschule) mit anschließender zweijährigen dualen Ausbildung:
   Die künftigen Hauswirtschafterinnen können nach erfolgreichem Schulbesuch einen Ausbildungsvertrag mit Ausbildungsverkürzung auf zwei Jahre abschließen.

3. Dreijährige vollschulische Ausbildung (mit Betriebspraktika).

Nach Ausbildung, Berufserfahrung und Weiterbildung ist es seit 2009 möglich, auch ohne Abitur an einer Fachhochschule oder sogar einer Universität zu studieren.

In einigen Berufen, z.B. Ingenieurwissenschaften, Gesundheits- und Erziehungswesen - jedoch noch nicht in der Hauswirtschaft – ist es möglich, Ausbildung und Studium zeitgleich zu verbinden. So erlangt man innerhalb von 4,5 Jahren sowohl einen qualifizierten Berufsabschluss als auch einen Studienabschluss (Bachelor). Nach weiteren zwei Jahren Studium kann der Studienabschluss Master erworben werden.

So vertiefen Sie das Thema:

Das Bundesministerium für Bildung und Forschung veröffentlicht jährlich einen Berufsbildungsbericht, den Sie unter books@bmbf.bund.de bestellen können. Statistische Daten können Sie ebenfalls beim Bundesinstitut für Berufsbildung recherchieren unter www.bibb.de.
Verfolgen Sie auch in der Tagespresse berufspolitische Themen.

1.4 Ausbildungsberufe

1.4.1 Übersicht über alle Ausbildungsberufe

Es gibt in Deutschland mehr als 350 Ausbildungsberufe, die in 19 Berufsgruppen zusammengefasst sind. Alle Berufe sind im Internet unter

www.alleberufe.de

abzurufen.

Berufsgruppen

01	Land- und Forstwirtschaft
02	Stein-, Keramik-, Glasherstellung/-bearbeitung
03	Chemie und Kunststoff
04	Druck und Papier
05	Metallerzeugung und -bearbeitung
06	Installations- und Metallbautechnik
07	Elektro- und IT-Technik
08	Bekleidung, Textil und Leder
09	Ernährung, Gastronomie, Gastgewerbe
10	Bautechnik
11	Holztechnik
12	Chemie, Physik, Biologie
13	Verkehr, Transport und Lagerung
14	Waren- und Dienstleistungskaufleute
15	Büro und Verwaltung
16	Medien- und künstlerische Berufe
17	Gesundheit, Körperpflege, Reinigung
18	Sonstige Ausbildungsberufe
19	Weitere interessante Berufe

1.4.2 Ausbildungsordnungen

Das BBiG regelt in §§ 4 und 5 den Erlass von Ausbildungsordnungen.

Die Ausbildungsordnungen werden vom jeweiligen Fachministerium erlassen. Die Verordnung über die Berufsausbildung zur Hauswirtschafterin ist bei zwei Ministerien angesiedelt: beim Bundesministerium für Verbraucherschutz, Ernährung und Landwirtschaft und beim Bundesministerium für Wirtschaft und Arbeit. Dies rührt aus der früheren Unterscheidung des Berufes in städtische und ländliche Hauswirtschaft.

In jeder Ausbildungsordnung müssen mindestens fünf Kriterien festgelegt sein:

1. die genaue Bezeichnung des Ausbildungsberufes
2. die Ausbildungsdauer
3. das Ausbildungsberufsbild
4. der Ausbildungsrahmenplan
5. die Prüfungsanforderungen

Auf den folgenden Seiten finden Sie die Verordnung für den Ausbildungsberuf zum Hauswirtschafter/zur Hauswirtschafterin vom 30. 06.1999.

1.4.3 Verordnung über die Berufsausbildung Hauswirtschafter/Hauswirtschafterin (Verordnungstext)

§ 1 Staatliche Anerkennung des Ausbildungsberufes

Der Ausbildungsberuf Hauswirtschafterin wird staatlich anerkannt. Er ist Ausbildungsberuf der Hauswirtschaft. Soweit die Ausbildung in Betrieben der Landwirtschaft stattfindet, ist er ein Ausbildungsberuf der Landwirtschaft.

§ 2 Ausbildungsdauer

(1) Die Ausbildung dauert drei Jahre.

(2) Auszubildende, denen der Besuch eines nach landesrechtlichen Vorschriften eingeführten schulischen Berufsgrundbildungsjahres nach einer Verordnung gemäß § 29 Abs. 1 des Berufsbildungsgesetzes als erstes Jahr der Berufsausbildung anzurechnen ist, beginnen die betriebliche Ausbildung im zweiten Ausbildungsjahr.
(Dies bezieht sich auf das alte BBiG, seit 2005: § 7 „Anrechnung beruflicher Vorbildung auf die Ausbildungszeit".)

§ 3 Berufsfeldbreite Grundbildung und Zielsetzung der Berufsausbildung

(1) Die Ausbildung im ersten Ausbildungsjahr vermittelt eine berufsfeldbreite Grundbildung, wenn die betriebliche Ausbildung nach dieser Verordnung und die Ausbildung in der Berufsschule nach den landesrechtlichen Vorschriften erfolgen.

(2) Die in dieser Verordnung genannten Fertigkeiten und Kenntnisse sollen so vermittelt werden, dass der Auszubildende zur Ausübung einer qualifizierten beruflichen Tätigkeit im Sinne des § 1 Abs. 2 des Berufsbildungsgesetzes befähigt wird, die insbesondere selbstständiges Planen, Durchführen und Kontrollieren einschließt. Diese Befähigung ist auch in den Prüfungen nach §§ 8 und 9 nachzuweisen.

§ 4 Ausbildungsberufsbild

(1) Gegenstand der Berufsausbildung sind mindestens die folgenden Fertigkeiten und Kenntnisse:

1. der Ausbildungsbetrieb, betriebliche Zusammenhänge und Beziehungen:

1.1 Aufbau und Organisation des Ausbildungsbetriebes
1.2 Berufsbildung
1.3 arbeits-, sozial- und tarifrechtliche Bestimmungen
1.4 Sicherheit und Gesundheitsschutz bei der Arbeit
1.5 Hygiene
1.6 Umweltschutz

2. Arbeitsorganisation, betriebliche Abläufe, wirtschaftliche und soziale Zusammenhänge:

2.1 Arbeitsorganisation
2.2 qualitätssichernde Maßnahmen
2.3 betriebliche, marktwirtschaftliche und soziale Zusammenhänge und Beziehungen
2.4 Bedarf und Ansprüche von zu versorgenden und zu betreuenden Personen
2.5 Beschaffen und Bewerten von Informationen
2.6 betriebliche Geschäftsvorgänge

3. Betriebsräume und Betriebseinrichtungen:

3.1 Einsetzen von Maschinen, Geräten und Gebrauchsgütern
3.2 Beurteilen und Planen von Betriebseinrichtungen

4. hauswirtschaftliche Versorgungsleistungen:

4.1 Speisenzubereitung und Service
4.2 Reinigen und Pflegen von Räumen
4.3 Gestalten von Räumen und des Wohnumfeldes
4.4 Reinigen und Pflegen von Textilien
4.5 Vorratshaltung und Warenwirtschaft

5. hauswirtschaftliche Betreuungsleistungen:

5.1 personenorientierte Gesprächsführung
5.2 Motivation und Beschäftigung
5.3 Hilfe leisten bei Alltagsverrichtungen

6. Fachaufgaben im Einsatzgebiet:

6.1 betriebsspezifische Produkt- und Dienstleistungsangebote
6.2 Kundenorientierung und Marketing
6.3 Kalkulation und Abrechnung von Leistungen

(2) Bei der Vermittlung der Fertigkeiten und Kenntnisse nach Absatz 1 Nr. 6 ist eines der folgenden Einsatzgebiete zugrunde zu legen:

1. hauswirtschaftliche Versorgung und Betreuung spezifischer Personengruppen in Privathaushalten, sozialen Einrichtungen oder Haushalten landwirtschaftlicher Unternehmen,

2. erwerbswirtschaftlich orientierte Versorgungs- und Betreuungsleistungen in Haushalten landwirtschaftlicher Unternehmen oder in hauswirtschaftlichen Betrieben.

Das Einsatzgebiet wird vom Ausbildungsbetrieb festgelegt. Es kann auch ein anderes Einsatzgebiet zugrunde gelegt werden, wenn es bezogen auf Breite und Tiefe die Vermittlung der Fertigkeiten und Kenntnisse nach Absatz 1. Nr. 6 erlaubt.

§ 5 Ausbildungsrahmenplan

Die in § 4 genannten Fertigkeiten und Kenntnisse sollen nach der in der Anlage für die berufliche Grundbildung und für die berufliche Fachbildung enthaltenen Anleitung zur sachlichen und zeitlichen Gliederung der Berufsausbildung (Ausbildungsrahmenplan) vermittelt werden. Eine von dem Ausbildungsrahmenplan abweichende sachliche und zeitliche Gliederung des Ausbildungsinhaltes ist insbesondere zulässig, soweit betriebspraktische Besonderheiten die Abweichung erfordern.

§ 6 Ausbildungsplan

Der Ausbildende hat unter Zugrundelegung des Ausbildungsrahmenplans für den Auszubildenden einen Ausbildungsplan zu erstellen.

§ 7 Berichtsheft

Der Auszubildende hat ein Berichtsheft in Form eines Ausbildungsnachweises zu führen. Ihm ist Gelegenheit zu geben, das Berichtsheft während der Ausbildungszeit zu führen. Der Ausbildende hat das Berichtsheft regelmäßig durchzusehen.

§ 8 Zwischenprüfung

(1) Zur Ermittlung des Ausbildungsstandes ist eine Zwischenprüfung durchzuführen. Sie soll vor dem Ende des zweiten Ausbildungsjahres stattfinden.

(2) Die Zwischenprüfung erstreckt sich auf die im Ausbildungsrahmenplan für das erste Ausbildungsjahr sowie das dritte Ausbildungshalbjahr aufgeführten Fertigkeiten und Kenntnisse sowie auf den im Berufsschulunterricht entsprechend dem Rahmenlehrplan zu vermittelnden Lehrstoff, soweit er für die Berufsausbildung wesentlich ist.

(3) Die Zwischenprüfung ist praktisch und schriftlich durchzuführen.

(4) Der Prüfling soll im praktischen Teil der Prüfung in insgesamt höchstens drei Stunden zwei Aufgaben bearbeiten und jeweils in einem Prüfungsgespräch erläutern. Hierfür kommen insbesondere in Betracht:

1. Reinigen und Pflegen von Maschinen, Geräten, Gebrauchsgütern und Betriebseinrichtungen
2. Speisenzubereitung und Service
3. Vorratshaltung und Warenwirtschaft
4. Reinigen und Pflegen von Räumen oder Textilien

Dabei soll er zeigen, dass er die Arbeiten planen, durchführen und die Ergebnisse kontrollieren sowie Sicherheit und Gesundheitsschutz bei der Arbeit, Hygiene, Umweltschutz, Arbeitsorganisation und qualitätssichernde Maßnahmen sowie Wirtschaftlichkeit und Kundenorientierung einbeziehen kann.

(5) Der Prüfling soll im schriftlichen Teil der Prüfung in höchstens 90 Minuten praxisbezogene Aufgaben bearbeiten. Hierfür kommen insbesondere in Betracht:

1. Aufbau und Organisation des Ausbildungsbetriebes
2. Arbeitsorganisation, betriebliche Abläufe, wirtschaftliche und soziale Zusammenhänge
3. Betriebsräume und Betriebseinrichtungen
4. Speisenzubereitung und Service
5. Reinigen und Pflegen von Räumen oder Textilien
6. Vorratshaltung und Warenwirtschaft

Dabei sollen Maßnahmen zur Sicherheit und zum Gesundheitsschutz bei der Arbeit, zum Umweltschutz, zur Hygiene sowie qualitätssichernde Maßnahmen einbezogen werden.

§ 9 Abschlussprüfung

(1) Die Abschlussprüfung erstreckt sich auf die im Ausbildungsrahmenplan aufgeführten Fertigkeiten und Kenntnisse sowie auf den im Berufsschulunterricht vermittelten Lehrstoff, soweit er für die Berufsausbildung wesentlich ist.

(2) Die Abschlussprüfung wird praktisch und schriftlich durchgeführt.

(3) Im praktischen Teil der Prüfung soll der Prüfling zeigen, dass er wirtschaftliche und betriebliche Zusammenhänge versteht, die erworbenen Fertigkeiten und Kenntnisse praxisbezogen anwenden und übertragen sowie Sicherheit und Gesundheitsschutz bei der Arbeit, Hygiene, Umweltschutz und Organisation sowie Abläufe betrieblicher Arbeit einbeziehen kann. Der Prüfling soll zwei komplexe Aufgaben aus den Bereichen der hauswirtschaftlichen Versorgungs- und Betreuungsleistungen bearbeiten, wobei sich eine Aufgabe auf das Einsatzgebiet bezieht. Die Aufgaben sind jeweils in einem Prüfungsgespräch zu erläutern. Dem Prüfling ist für die Planung der Prüfungsaufgaben ausreichend Zeit, mindestens aber ein Arbeitstag zu gewähren. Für die selbständige Durchführung der Prüfungsaufgaben und die Kontrolle der Arbeitsergebnisse stehen dem Prüfling einschließlich der Prüfungsgespräche höchstens sechs Stunden zur Verfügung.

Für die eine Aufgabe kommen insbesondere folgende Gebiete in Betracht:

a) Beurteilen von Betriebsräumen und Betriebseinrichtungen
b) Zubereiten von Speisen und Service
c) Reinigen und Pflegen von Räumen
d) Gestalten von Räumen oder des Wohnumfeldes
e) Reinigen und Pflegen von Textilien,
f) Bewirtschaften von Vorräten
g) Hilfe leisten bei Alltagsverrichtungen
h) Motivieren und Beschäftigen von Personen, Gespräche führen

Für diese praktische Aufgabe sind mindestens drei Gebiete zu berücksichtigen.
Für die Aufgabe aus dem betrieblichen Einsatzgebiet sind insbesondere folgende Gebiete zu berücksichtigen:

a) betriebsspezifische Produkt- und Dienstleistungsangebote
b) Kundenorientierung und Marketing
c) spezifische Betriebsräume und Betriebseinrichtungen

(4) Bei der Ermittlung des Ergebnisses des praktischen Teils der Prüfung sind beide Aufgaben gleich zu gewichten.

(5) Der Prüfling soll im schriftlichen Teil der Prüfung in den Prüfungsbereichen hauswirtschaftliche Versorgungsleistungen, hauswirtschaftliche Betreuungsleistungen sowie Wirtschafts- und Sozialkunde geprüft werden. Es kommen Fragen und Aufgaben, die sich auf praxisbezogene Fälle beziehen sollen, insbesondere aus folgenden Gebieten in Betracht:

1. im Prüfungsbereich hauswirtschaftliche Versorgungsleistungen:

a) Speisenzubereitung und Service
b) Reinigen und Pflegen von Räumen
c) Gestalten von Räumen und des Wohnumfeldes
d) Reinigen und Pflegen von Textilien
e) Vorratshaltung und Warenwirtschaft

Dabei soll der Prüfling zeigen, dass er unter Berücksichtigung von Arbeitsorganisation und betrieblichen Abläufen Betriebseinrichtungen planen und beurteilen, Leistungen kalkulieren und abrechnen kann sowie die wirtschaftlichen und sozialen Zusammenhänge dieser Bereiche versteht.

2. im Prüfungsbereich hauswirtschaftliche Betreuungsleistungen:

a) Gesprächsführung mit Einzelpersonen und Gruppen
b) Motivation und Beschäftigung der zu betreuenden Personen
c) Hilfeleistung bei Alltagsverrichtungen

Dabei soll der Prüfling zeigen, dass er unter Einbeziehung von Bedarf und Ansprüchen zu betreuender Personen, der rechtlichen Rahmenbedingungen, der Planung und Beurteilung von Betreuungsleistungen sowie von Arbeitsorganisation, betrieblichen, wirtschaftlichen und sozialen Zusammenhängen Aufgaben lösen kann.

3. im Prüfungsbereich Wirtschafts- und Sozialkunde: allgemeine wirtschaftliche und gesellschaftliche Zusammenhänge der Berufs- und Arbeitswelt.

Bei den Prüfungsbereichen „hauswirtschaftliche Versorgungsleistungen" und „hauswirtschaftliche Betreuungsleistungen" sind Umweltschutz, Sicherheit und Gesundheit bei der Arbeit, Hygiene und qualitätssichernde Maßnahmen mit einzubeziehen.

(6) Der schriftliche Teil der Prüfung dauert höchstens:
1. im Prüfungsbereich hauswirtschaftliche Versorgungsleistungen 120 Minuten,
2. im Prüfungsbereich hauswirtschaftliche Betreuungsleistungen 120 Minuten,
3. im Prüfungsbereich Wirtschafts- und Sozialkunde 60 Minuten.

(7) Sind im schriftlichen Teil der Prüfung in bis zu zwei Prüfungsbereichen Prüfungsleistungen mit mangelhaft und in den übrigen Prüfungsbereichen mit mindestens ausreichend bewertet worden, so ist auf Antrag des Prüflings oder nach Ermessen des Prüfungsausschusses in einem der mit mangelhaft bewerteten Prüfungsbereiche die Prüfung durch eine mündliche Prüfung von etwa 15 Minuten zu ergänzen, wenn diese für das Bestehen der Prüfung den Ausschlag geben kann. Der Prüfungsbereich ist vom Prüfling zu bestimmen. Bei der Ermittlung des Ergebnisses für diesen Prüfungsbereich sind die Ergebnisse der schriftlichen Arbeit und mündlichen Ergänzungsprüfung im Verhältnis 2:1 zu gewichten.

(8) Bei der Ermittlung des Ergebnisses des schriftlichen Teils der Prüfung sind die Prüfungsleistungen wie folgt zu gewichten:

- im Prüfungsbereich hauswirtschaftliche Versorgungsleistungen nach Absatz 5 40 von Hundert,
- im Prüfungsbereich hauswirtschaftliche Betreuungsleistungen nach Absatz 5 40 von Hundert,
- im Prüfungsbereich Wirtschafts- und Sozialkunde nach Absatz 5 20 von Hundert.

(9) Die Prüfung ist bestanden, wenn jeweils im praktischen und im schriftlichen Teil der Prüfung sowie innerhalb des schriftlichen Teils der Prüfung in zwei der in Absatz 5 genannten Prüfungsbereiche mindestens ausreichende Leistungen erbracht worden sind. Werden die Prüfungsleistungen in einer der Aufgaben des praktischen Teils der Prüfung oder in einem der drei Prüfungsbereiche des schriftlichen Teils der Prüfung mit ungenügend bewertet, so ist die Prüfung nicht bestanden.

(10) Übergangsregelungen

(...)

(11) Inkrafttreten, Außerkrafttreten

(...)

1.4.4 Auswahl von Ausbildungsberufen durch den Betrieb

Ausbildungsbetriebe, die in mehreren Berufen ausbilden können, legen fest, in welchen Sparten sie ausbilden werden. Viele Betriebe, die in der Hauswirtschaft ausbilden, können dies auch in anderen Berufen, z. B.

- Koch/Köchin
- Bürokauffrau/Bürokaufmann
- Handwerkliche Berufe
- Berufe im Gesundheitswesen

Bei der Entscheidung, in welchen Berufen der Betrieb ausbildet, sind folgende Kriterien ausschlaggebend:

- Zukünftiger Personalbedarf
- Qualifizierung der Ausbilder in den verschiedenen Sparten
- Langfristige Unternehmensziele
- Image

Im Idealfall planen Geschäftsleitung, Personalleitung und die jeweiligen Bereichsleitungen gemeinsam die Nachwuchsförderung und Entwicklung im Unternehmen.

Hat sich ein Betrieb zur Durchführung der Ausbildung entschieden, kann er noch wählen zwischen

- Vollzeitausbildung: Regelfall
- Teilzeitausbildung: § 8 BBiG sieht eine Teilzeitberufsausbildung mit einer reduzierten Wochenarbeitszeit vor. Sie wird insbesondere von allein erziehenden jungen Müttern wahrgenommen.
- Ausbildung Behinderter: § 66 BBiG sieht spezielle Ausbildungsverordnungen für Behinderte vor, die von den zuständigen Stellen geregelt werden, z.B. Hauswirtschaftshelferin, Dienstleistungshelfer Hauswirtschaft. Die Behinderten werden zwar auch betrieblich, aber meist außerbetrieblich ausgebildet und erhalten neben der fachlichen Ausbildung umfangreichen Förderunterricht.

So vertiefen Sie das Thema:

Sammeln Sie Argumente für die Ausbildung in der Hauswirtschaft. Berücksichtigen Sie dabei die betriebliche und personelle Situation, die Leitziele Ihres Betriebes und die gesellschaftliche Verantwortung.

1.5 Anforderungen an die Eignung des Betriebes, der Ausbildenden und Ausbilderinnen

1.5.1 Eignung des Ausbildungsbetriebes

Die Eignung eines Ausbildungsbetriebes wird in § 27 BBiG geregelt.

> **§ 27 BBiG Eignung der Ausbildungsstätte**
>
> (1) Auszubildende dürfen nur eingestellt und ausgebildet werden, wenn
>
> 1. die Ausbildungsstätte nach Art und Einrichtung für die Berufsausbildung geeignet ist und
>
> 2. die Zahl der Auszubildenden in einem angemessenen Verhältnis zur Zahl der Ausbildungsplätze oder zur Zahl der beschäftigten Fachkräfte steht, es sei denn, dass anderenfalls die Berufsausbildung nicht gefährdet wird.

Die zuständigen Stellen prüfen, ob ein Betrieb für die Ausbildung zur Hauswirtschafterin geeignet ist. Für die Ausbildung in der Hauswirtschaft kommen folgende Betriebe in Frage:

- Soziale Einrichtungen, z.B. Alten- und Pflegeheime, Behindertenwohngruppen, Mutter-Kind-Heime, Internate, Krankenhäuser
- Erwerbswirtschaftlich orientierte Unternehmen, z. B. hauswirtschaftliche Dienstleistungsagenturen, Pensionen, landwirtschaftliche Unternehmungen mit Hofladen oder Bauerncafé
- Privathaushalte, Privat- und Geschäftshaushalte

Nicht alle sozialen und erwerbswirtschaftlichen Unternehmen oder Privathaushalte können die Ausbildung in allen Bereichen der hauswirtschaftlichen Versorgung und Betreuung sicherstellen. Deshalb gibt es für diese Ausbildungsbetriebe die Möglichkeit, mit anderen Betrieben zu kooperieren und die Ausbildung im Verbund anzubieten.

Dabei übernimmt ein Betrieb die Verantwortung über die gesamte Ausbildung und entsendet nach einem vorher festgelegten Plan die Auszubildenden in einen oder mehrere kooperierende Betriebe.

Viele Ausbildungsbetriebe unterhalten z. B. keine eigene Wäscherei. Die Inhalte des Ausbildungsberufsbildes für den Bereich „Reinigen und Pflegen von Textilien“ kann dort nicht vermittelt werden. Der Betrieb sucht in diesem Fall einen Kooperationspartner, der eine eigene Wäscherei betreibt und entsendet seine Auszubildenden innerhalb der dreijährigen Ausbildungszeit für ca. 10 Wochen in diesen Betrieb.

Ausbildung im Verbund ist auch in der folgenden Variante möglich:

1. Ausbildungsjahr im Betrieb A
2. Ausbildungsjahr im Betrieb B
3. Ausbildungsjahr im Betrieb C

1.5.2 Eignung des Ausbildenden und der Ausbilderin

Die Eignung der Ausbildenden und der Ausbilderin werden in §§ 28-30 BBiG geregelt.

§ 28 BBiG Eignung von Ausbildenden und Ausbildern oder Ausbilderinnen
(1) Auszubildende darf nur einstellen, wer persönlich geeignet ist. Auszubildende darf nur ausbilden, wer persönlich und fachlich geeignet ist.
(2) Wer fachlich nicht geeignet ist oder wer nicht selbst ausbildet, darf Auszubildende nur dann einstellen, wenn er persönlich und fachlich geeignete Ausbilder oder Ausbilderinnen bestellt, die die Ausbildungsinhalte in der Ausbildungsstätte unmittelbar, verantwortlich und in wesentlichem Umfang vermitteln.

Ausbildender ist derjenige, der den Berufsausbildungsvertrag als betrieblicher Vertreter unterschreibt, z. B. Heimleitung oder Geschäftsführung.

Persönlich nicht geeignet ist jemand, der Kinder und Jugendliche nicht beschäftigen darf und wer wiederholt oder schwer gegen das Berufsbildungsgesetz und seine Verordnungen und Bestimmungen verstoßen hat (BBiG § 29). Die persönliche Eignung wird über ein polizeiliches Führungszeugnis nachgewiesen.

Neben der persönlichen Eignung steht bei der Ausbilderin die fachliche Eignung im Vordergrund.

§ 30 BBiG Fachliche Eignung

(1) Fachlich geeignet ist, wer die beruflichen sowie die berufs- und arbeitspädagogischen Fertigkeiten, Kenntnisse und Fähigkeiten besitzt, die für die Vermittlung der Ausbildungsinhalte erforderlich sind.
(2) Die erforderlichen beruflichen Fertigkeiten, Kenntnisse und Fähigkeiten besitzt, wer

1. die Abschlussprüfung in einer dem Ausbildungsberuf entsprechenden Fachrichtung bestanden hat,
2. eine anerkannte Prüfung an einer Ausbildungsstätte oder vor einer Prüfungsbehörde oder eine Abschlussprüfung an einer staatlichen oder staatlich anerkannten Schule in einer dem Ausbildungsberuf entsprechenden Fachrichtung bestanden hat oder
3. eine Abschlussprüfung an einer deutschen Hochschule in einer dem Ausbildungsberuf entsprechenden Fachrichtung bestanden hat und eine angemessene Zeit in seinem Beruf praktisch tätig gewesen ist.

Die berufs- und arbeitspädagogischen Anforderungen sind in der Ausbildereignungs-Verordnung (AEVO) beschrieben. www.bmbf.de/pub/aevo_banz.pdf

1.6 Maßnahmen, die auf die Ausbildung vorbereiten

Die Berufsausbildungsvorbereitung ist im BBiG § 68 ff. geregelt.

§ 68 BBiG Personenkreis und Anforderungen

(1) Die Berufsausbildungsvorbereitung richtet sich an lernbeeinträchtigte oder sozial benachteiligte Personen, deren Entwicklungsstand eine erfolgreiche Ausbildung in einem anerkannten Ausbildungsberuf noch nicht erwarten lässt. Sie muss nach Inhalt, Art, Ziel und Dauer den besonderen Erfordernissen des in Satz 1 genannten Personenkreises entsprechen und durch umfassende sozialpädagogische Betreuung und Unterstützung begleitet werden.

Maßnahmen zur Berufsvorbereitung für unter 25-jährige, die keinen Ausbildungsplatz erhalten haben und meist keinen Hauptschulabschluss erworben haben, sind:

- Einstiegsqualifizierung (EQ)
  6-12-monatiges betriebliches Praktikum
- Berufsvorbereitende Bildungsmaßnahme (BvB)
  10-18-monatige Maßnahme, die bei Bildungsträgern absolviert wird und von der Agentur für Arbeit zugewiesen wird
- Berufsvorbereitungsjahr (BVJ)
  einjähriger Vollzeitunterricht an einer Berufsschule (ohne Anrechnung auf eine spätere betriebliche Ausbildung)
- Berufsgrundbildungsjahr (BGJ)
  einjähriger Vollzeitunterricht an einer Berufsschule (mit Anrechnung auf eine spätere betriebliche Ausbildung)

Grundlage für die Maßnahmen sind „Qualifizierungsbausteine“, die sich auf den Ausbildungsrahmenplan eines Ausbildungsberufes beziehen.

Qualifizierungsbausteine

„Qualifizierungsbausteine sind inhaltlich und zeitlich abgegrenzte Lerneinheiten in der Berufsausbildungsvorbereitung. Sie befähigen zur Ausübung einer Tätigkeit, die Teil einer Ausbildung in einem anerkannten Ausbildungsberuf oder einer gleichwertigen Berufsausbildung ist. Sie beschreiben Kompetenzen, über die jemand verfügt, wenn sie/er den Baustein erfolgreich abgeschlossen hat. Diese in sich abgeschlossenen Kompetenzen beziehen sich immer auf den Ausbildungsrahmenplan eines oder mehrerer Ausbildungsberufe. Der Qualifikationszuwachs der Jugendlichen wird durch eine Prüfung festgestellt und in einem Zeugnis dokumentiert. Qualifizierungsbausteine sind sowohl eine Grundlage für einen individuellen Qualifizierungsprozess als auch Instrument zur Dokumentation der Inhalte der Berufsausbildungsvorbereitung.“

Quelle: Bundesinstitut für Berufsbildung (BIBB)

Auszug aus einem Qualifizierungsbaustein (Quelle: BIBB)

Qualifizierungsbild des Qualifizierungsbausteins 1 „Speisenzubereitung und Service“

1. Zugrunde liegender Ausbildungsberuf:
Hauswirtschafter/Hauswirtschafterin, Verordnung vom 30.06.1999 (BGBl. I S. 1495)

2. Qualifizierungsziel:
Die Teilnehmenden können anlass- und personenbezogen unterschiedliche Lebensmittel für eine Speisen- und Getränkezubereitung unterscheiden und unter Berücksichtigung von Gesundheitsschutz, Hygiene, Sicherheit, Ergonomie, Umweltschutz und Wirtschaftlichkeit mithilfe von Geräten und Maschinen einfache Speisen und Getränke zubereiten und servieren. Sie kennen die Strukturen, die betrieblichen Abläufe und die Leistungspalette eines Betriebes, der hauswirtschaftliche Leistungen anbietet.

3. Dauer der Vermittlung:
360 Zeitstunden

4. Zu vermittelnde Tätigkeiten, Fertigkeiten und Kenntnisse:

- Aufgaben und Ziele des Betriebes, soziales und kulturelles Umfeld sowie Produktangebote und Dienstleistungsangebote kennen lernen.
- Informationen einholen und für die Arbeitserledigung nutzen.
- In Besprechungen mit Ausbildern und im Team Ziele und Termine der Arbeit festlegen.
- Arbeitsplanung unter Berücksichtigung von Gesundheitsschutz, Hygiene, Sicherheit, Ergonomie, Umweltschutz und Wirtschaftlichkeit durchführen.
- Lebensmittel unter Berücksichtigung verschiedener Techniken und Verfahren nährstoffschonend vorbereiten und verarbeiten.
- Arbeitstechniken und Garverfahren zur Herstellung von Speisen und Getränken auswählen und anwenden.
- Einfache Speisen und Getränke zubereiten.
- Speisen und Getränke fachgerecht servieren.

1.7 Aufgaben von Mitwirkenden bei der Ausbildung

Aufgaben der Ausbilderin

Die Aufgabe der Ausbilderin ist es, die Ausbildung zu planen, zu leiten und zu koordinieren. Dies bedeutet im Einzelnen:

- Mitwirkung bei der Einstellung von Auszubildenden
- Erstellung eines betrieblichen Ausbildungsplans, eventuell eines personenbezogenen Einsatzplans (Versetzungsplans)
- Überwachung des Ausbildungsplans und des Versetzungsplans
- Vermittlung von Ausbildungsinhalten
- Entscheidung über Lernmethoden
- Schulung und Unterstützung der Ausbildungsbeauftragten
- Durchführung von Lernkontrollen
- Durchführung von Beurteilungsgesprächen
- Kontrolle des Ausbildungsnachweises (Berichtshefts)
- Unterstützung des Auszubildenden bei Lernschwierigkeiten und Konflikten
- Prüfungsvorbereitung und -anmeldung
- Kontakt zu allen, die an der Ausbildung mitwirken
- Mitwirkung bei der Erstellung von Zeugnissen

Aufgaben der zuständigen Stellen

- Überwachung der Ausbildung und Beratung der an der Berufsausbildung beteiligten Personen (BBiG § 76)
- Anerkennung und Überwachung der Eignung von Ausbildungsstätten und Ausbildungspersonal (BBiG §§ 27-30)
- Führen des Verzeichnisses der Berufsausbildungsverhältnisse (BBiG §§ 34-36)
- Einrichtung eines Prüfungsausschusses (BBiG §§ 39-42)
- Erlass von Prüfungsordnungen (BBiG § 47)
- Entscheidung über die Zulassung zur Prüfung (BBiG § 46)
- Einrichtung eines Berufsbildungsausschusses mit sechs Beauftragten der Arbeitgeber, sechs Beauftragten der Arbeitnehmer und sechs beratenden Lehrkräften an berufsbildenden Schulen. Er ist in allen wichtigen Angelegenheiten der beruflichen Bildung zu unterrichten und zu hören. (BBiG §§ 77-78)

Aufgaben der Ausbildungsbeauftragten

Ausbildungsbeauftragte sind Mitarbeiter im Betrieb, auf die die Ausbilderin ausgewählte Aspekte der Ausbildung überträgt. Ausbildungsbeauftragte benötigen keinen berufs- und arbeitspädagogischen Nachweis, müssen aber von der Ausbilderin für ihre Aufgaben geschult werden. So kann z.B. eine Wäschereimitarbeiterin beauftragt werden, eine Auszubildende in der Wäscherei anzuleiten.

Aufgaben der Arbeitnehmervertretung

Die Aufgaben des Betriebsrats und die Rolle der Jugend- und Auszubildendenvertretung werden im Handlungsfeld 2 näher beschrieben.

1.8 Zuständige Stellen für die Ausbildung in der Hauswirtschaft

Baden-Württemberg

- Regierungspräsidium Tübingen
  Konrad-Adenauer-Str. 20 72072 Tübingen

- Ministerium Ländlicher Raum, Ernährung und Verbraucherschutz
  Kernerplatz 10 70182 Stuttgart

Bayern
- Bayerisches Staatsministerium für Ernährung, Landwirtschaft und Forsten
  Ludwigstr. 2 80539 München

- Fortbildungszentrum Triesdorf
  Reitbahn 1 91746 Weidenbach

Berlin
- Senatsverwaltung für Integration, Arbeit und Soziales - II D 4
  Oranienstr. 106 10969 Berlin

Brandenburg
- Landesamt für Verbraucherschutz, Landwirtschaft und Flurneuordnung,
  Ref. 46 Dorfstr. 1 14513 Teltow/OT Ruhlsdorf

Bremen
- Senator für Finanzen, Ref. 33
  Doventorscontrescarpe 172 28195 Bremen

Hamburg
- Freie und Hansestadt Hamburg - Behörde Soziales, Familie, Gesundheit
  und Verbraucherschutz
  Hamburger Str. 47 22083 Hamburg

- Landwirtschaftskammer Hamburg, Bildungs- und Infozentrum
  Ochsenwerder Landscheideweg 277 21037 Hamburg

Hessen
- Industrie- und Handelskammer Frankfurt am Main
  Börsenplatz 4 60313 Frankfurt am Main

Mecklenburg-Vorpommern
- Ministerium für Landwirtschaft, Umwelt und Verbraucherschutz
  Paulshöher Weg 1 19061 Schwerin

Niedersachsen
- Landwirtschaftskammer Hannover
  Johannssenstr. 10 30159 Hannover

- Landwirtschaftskammer Niedersachsen
  Mars-La-Tour-Str. 1-13 26121 Oldenburg

Nordrhein-Westfalen

- Landwirtschaftskammer Nordrhein-Westfalen
  Nevinghoff 40 48147 Münster

- Ministerium für Umwelt und Naturschutz, Landwirtschaft und Verbraucherschutz 40190 Düsseldorf

Rheinland-Pfalz

- Aufsichts- und Dienstleistungsdirektion
  Friedrich-Ebert-Str. 14 67433 Neustadt an der Weinstraße

- Aufsichts- und Dienstleistungsdirektion Referat 12
  Willy-Brandt-Platz 3 54329 Trier

- Landwirtschaftskammer Rheinland-Pfalz
  Burgenlandstr. 7 55543 Bad Kreuznach

Saarland

- Ministerium für Bildung
  Hohenzollernstr. 60 66117 Saarbrücken

- Landwirtschaftskammer Saarland
  Dillinger Str. 67 66822 Lebach

Sachsen

- Sächsisches Landesamt für Umwelt, Landwirtschaft und Geologie
  Zur Wetterwarte 11 01109 Dresden

- Regierungspräsidium Chemnitz - Referat Aus- und Fortbildung
  Altchemnitzer Str. 41 09120 Chemnitz

Sachsen-Anhalt

- Landesverwaltungsamt, Ref. Agrarwirtschaft, Ländliche Räume, Fischerei
  Dessauer Str. 70 06118 Halle (Saale)

Schleswig-Holstein

- Industrie- und Handelskammer Kiel
  Bergstr. 2 24103 Kiel

- Industrie- und Handelskammer Flensburg
  Schloßstr. 7 25813 Husum

- Industrie- und Handelskammer Lübeck
  Fackenburger Allee 2 23554 Lübeck

- Landwirtschaftskammer Schleswig-Holstein
  Holstenstr. 106-108 24103 Kiel

Thüringen

- Thüringer Landesanstalt für Landwirtschaft
  Weimarplatz 4 99423 Weimar

Handlungsfeld 2

Ausbildung vorbereiten und bei der Einstellung von Auszubildenden mitwirken

2.1 Vom Ausbildungsrahmenplan zum betrieblichen Ausbildungsplan

2.1.1 Planungsgrundsätze

Die Grundlage für den betrieblichen Ausbildungsplan bildet der Ausbildungsrahmenplan. Der Ausbildungsrahmenplan ist Bestandteil der Ausbildungsverordnung und somit eine gesetzliche Vorgabe. Ihre Aufgabe ist es, die Vermittlung der Inhalte in Ihrem Betrieb zu planen.

〉 Legen Sie die Lernorte fest, an denen sich die Auszubildenden die Inhalte, die durch den Ausbildungsrahmenplan vorgegeben sind, erarbeiten können (z. B. Küche, Wäscherei, Büro, Seminarraum).

Als Ausbilder organisieren Sie zwar die gesamte Ausbildung, führen sie aber meist nicht an allen Lernorten selbst durch.

〉 Legen Sie für die jeweiligen Lernorte Arbeitsanleiterinnen (Ausbildungsbeauftragte) fest. Die Anleiterinnen benötigen fachliche und soziale Kompetenzen, aber keine Ausbildereignung; Ihre Aufgabe als berufs- und arbeitspädagogisch geschulte Kraft ist es, die Anleiterinnen auszuwählen und zu qualifizieren.

Der Ausbildungsrahmenplan dient als inhaltliche und zeitliche Organisationsvorgabe. Im betrieblichen Ausbildungsplan werden Inhalte und Zeitvorgaben des Ausbildungsrahmenplans an die betriebliche Ausbildungssituation angepasst.

〉 Legen Sie im betrieblichen Ausbildungsplan fest,

was	(Reinigen und Pflegen von Räumen)
wann	(November 2011, April 2012, Januar 2013)
wie lange	(4 Wochen in 2011, 3 Wochen in 2012, 3 Wochen in 2013)
wo	(Gästehaus, Bewohnerzimmer, Hauswirtschaftsbüro)
mit wem	(z. B. Vorarbeiterin, Ausbilderin)

die Auszubildende lernt.

Der betriebliche Ausbildungsplan wird den zuständigen Stellen mit dem Ausbildungsvertrag vorgelegt und den Auszubildenden zu Beginn der Ausbildung ausgehändigt. Die Vorlagen für einen betrieblichen Ausbildungsplan erhalten Sie bei den zuständigen Stellen. Mit dieser Vorlage können Sie der zuständigen Stelle zwar belegen, dass Sie alle Inhalte und Zeitvorgaben berücksichtigen; sie reicht jedoch meist nicht für eine übersichtliche innerbetriebliche Organisation aus. Sie müssen betriebsspezifisch mit einem individuellen Zeitraster planen.

Die folgenden Beispiele für betriebliche Ausbildungspläne beziehen sich auf drei verschiedene Ausbildungsbetriebe:

〉 Alten- und Pflegeheim mit 50 Bewohnern
〉 Bildungseinrichtung mit 100 Betten
〉 Pension mit 30 Betten und Bauerncafé

Zunächst werden betriebsunabhängig die Inhalte des Ausbildungsrahmenplans chronologisch aufgeführt.

Als nächstes sind die Lernorte aller drei Ausbildungsbetriebe in einer Übersicht dargestellt.

Anschließend folgen Auszüge aus den betrieblichen Ausbildungsplänen:

- Alten- und Pflegeheim: für das 1. Ausbildungsjahr
- Bildungseinrichtung für das 2. Ausbildungsjahr
- Pension mit Bauerncafé für das 3. Ausbildungsjahr

und ein Einsatzplan für das 1. Ausbildungsjahr.

So vertiefen Sie das Thema:

Prüfen Sie für den Betrieb, in dem Sie ausbilden werden, welche Lernorte für Auszubildende in Frage kommen und erstellen Sie einen betrieblichen Ausbildungsplan. Orientieren Sie sich nicht nur an den hier dargestellten Plänen, sondern berücksichtigen Sie auch betriebsspezifische Kriterien (z. B. Feier zum 100-jährigen Bestehen, Küchenrenovierung, Betriebsruhe).
Stimmen Sie die Inhalte auch mit dem Lehrplan der Berufsschule ab. Die Lernfelder des Berufsschulunterrichts finden Sie auf S. 18 und S. 57. Kooperieren Sie auch mit der für Ihre Auszubildende zuständigen Berufsschule. Dort erfahren Sie, wie die Lernfelder konkret umgesetzt werden.

2.1.2 Inhalte des Ausbildungsrahmenplans (chronologisch)

(die Nummerierung bezieht sich auf das Ausbildungsberufsbild nach § 4 der Ausbildungsverordnung)

Fertigkeiten und Kenntnisse, die ohne zeitliche Zuordnung während der gesamten Ausbildung vermittelt werden müssen

1	**Der Ausbildungsbetrieb, betriebliche Zusammenhänge und Beziehungen**
1.1	**Aufbau und Organisation des Ausbildungsbetriebes**
a	Standort, Aufbau und Aufgaben des Ausbildungsbetriebes erläutern
b	Grundfunktionen des ausbildenden Betriebes, wie Einkauf, Produktion, Dienstleistung, Vermarktung und Verwaltung erklären
c	Beziehungen des Ausbildungsbetriebes und seiner Beschäftigten zu Wirtschaftsorganisationen, Berufsvertretungen, Gewerkschaften, Verwaltungen und Verbänden nennen
d	Grundlagen, Aufgaben und Arbeitsweise der betriebsverfassungs- und personalvertretungsrechtlichen Organe des ausbildenden Betriebes beschreiben
1.2	**Berufsbildung**
a	Bedeutung des Ausbildungsvertrages, insbesondere Abschluss, Dauer und Beendigung erklären
b	gegenseitige Rechte und Pflichten aus dem Ausbildungsvertrag nennen
c	Möglichkeiten der beruflichen Fortbildung nennen und Informationen einholen
1.3	**Arbeits-, sozial- und tarifrechtliche Bestimmungen**
a	wesentliche Teile des Arbeitsvertrages nennen
b	wesentliche Bestimmungen der für den Ausbildungsbetrieb geltenden Tarifverträge sowie die Funktion der Tarifparteien nennen
c	Aufgaben und Leistungen der Sozialversicherungsträger nennen
1.4	**Sicherheit und Gesundheitsschutz bei der Arbeit**
a	Gefährdung von Sicherheit und Gesundheit am Arbeitsplatz feststellen und Maßnahmen zu ihrer Vermeidung ergreifen
b	berufsbezogene Arbeitsschutz- und Unfallverhütungsvorschriften anwenden
c	Verhaltensweisen bei Unfällen beschreiben sowie Maßnahmen einleiten
d	Vorschriften des vorbeugenden Brandschutzes anwenden; Verhaltensweisen bei Bränden beschreiben und Maßnahmen zur Brandbekämpfung ergreifen
1.5	**Hygiene**
a	Grundsätze der Hygiene, insbesondere der Betriebs-, Produkt-, Prozess- und Personalhygiene erläutern
b	berufsbezogene Regelungen der Hygiene anwenden
c	betriebsspezifische Maßnahmen zur Sicherung der Hygiene durchführen

1.6	**Umweltschutz** Zur Vermeidung betriebsbedingter Umweltbelastungen im beruflichen Einwirkungsbereich beitragen, insbesondere
a	mögliche Umweltbelastungen durch den Ausbildungsbetrieb und seinen Beitrag zum Umweltschutz an Beispielen erklären
b	für den Ausbildungsbetrieb geltende Regelungen des Umweltschutzes anwenden
c	Möglichkeiten der wirtschaftlichen und umweltschonenden Energie- und Materialverwendung nutzen
d	Abfälle vermeiden; Stoffe und Materialien einer umweltschonenden Entsorgung zuführen
2	**Arbeitsorganisation, betriebliche Abläufe, wirtschaftliche und soziale Zusammenhänge**
2.1	**Arbeitsorganisation**
a	Aufgaben unter Berücksichtigung betrieblicher Gegebenheiten, insbesondere nach wirtschaftlichen Gesichtspunkten, planen und durchführen
b	Arbeitstechniken und -verfahren sowie Betriebsmittel auftragsorientiert einsetzen
c	Arbeitsplätze nach ergonomischen, funktionalen und rechtlichen Anforderungen gestalten
d	Arbeitsergebnisse erfassen, beurteilen und erforderliche Maßnahmen ergreifen
e	Zusammenarbeit gestalten und Aufgaben teamorientiert durchführen
2.2	**Qualitätssichernde Maßnahmen**
a	betriebliche Standards anwenden
b	Qualitätskriterien auf Güter und Dienstleistungen anwenden
c	betriebliche Maßnahmen zur Qualitätssicherung durchführen
d	bei betrieblichen Maßnahmen zur Verbesserung der Qualität mitwirken

Inhalte des 1. Ausbildungsjahres

2.3	**Betriebliche, marktwirtschaftliche und soziale Zusammenhänge und Beziehungen**	2 Wochen
a	Auswirkungen der Betriebsstruktur auf Arbeitsorganisation und betriebliche Abläufe beachten	
b	Bedeutung beruflicher Wettbewerbe aufzeigen und bei Veranstaltungen mitwirken	
c	Marktberichte auswerten und Entwicklungen am Markt beobachten und bewerten	
2.4	**Bedarf und Ansprüche von zu versorgenden und zu betreuenden Personen**	3 Wochen
a	Wirkung des persönlichen Erscheinungsbildes und Verhaltens darstellen	
b	Möglichkeiten der Bedarfsermittlung anwenden	
c	persönliche Wünsche bei der Bedarfsermittlung berücksichtigen	
2.5	**Beschaffen und Bewerten von Informationen**	2 Wochen
a	Fachinformationen systematisch einholen, erfassen und ordnen	
b	Informationssysteme und Kommunikationseinrichtungen nutzen	
c	Möglichkeiten der elektronischen Datenerfassung und -verarbeitung nutzen und Regelungen des Datenschutzes anwenden	
2.6	**Betriebliche Geschäftsvorgänge**	4 Wochen
a	Mitteilungen und Aufträge entgegennehmen	
b	Einnahmen und Ausgaben für ausgewählte Leistungsbereiche erfassen	
c	Bedarf für den Einkauf von Gütern ermitteln	
d	Bestellungen und Einkäufe durchführen	
e	Waren annehmen und kontrollieren	
f	bei der Vergabe von Dienstleistungen mitwirken	
g	Liefer- und Kaufbelege prüfen und betriebsbezogen bearbeiten	
3	**Betriebsräume und Betriebseinrichtungen**	6 Wochen
3.1	**Einsetzen von Maschinen, Geräten und Gebrauchsgütern**	
a	Einsatzmöglichkeiten von Maschinen, Geräten und anderen Gebrauchsgütern unter Berücksichtigung der Betriebsanleitung erläutern	
b	Maschinen, Geräte und Gebrauchsgüter wirtschaftlich und sachgerecht einsetzen und pflegen	
c	Wartung entsprechend der Betriebsanleitung durchführen	

4	**Hauswirtschaftliche Versorgungsleistungen**	
4.1	**Speisenzubereitung und Service**	12 Wochen
a	Produkte auf Beschaffenheit prüfen und Verwendungsmöglichkeiten zuordnen	
b	Lebensmittel nährstoffschonend vorbereiten und verarbeiten	
c	Arbeitstechniken und Garverfahren zur Herstellung von Speisen und Getränken anwenden	
d	Gebäcke herstellen	
e	Grundregeln des Eindeckens und Abräumens von Tischen anwenden	
f	Speisen und Getränke servieren	
4.2	**Reinigen und Pflegen von Räumen**	6 Wochen
a	Reinigungsarten für verschiedene Räume und Betriebseinrichtungen zuordnen	
b	Reinigungs-, Pflege- und Desinfektionsmittel, insbesondere nach ökonomischen und ökologischen Gesichtspunkten, auswählen und einsetzen	
c	Reinigungs- und Pflegemaßnahmen unter Einsatz unterschiedlicher Techniken und Verfahren durchführen	
4.3	**Gestalten von Räumen und des Wohnumfeldes**	4 Wochen
a	Dekorationen erstellen	
b	Gestecke und Sträuße herstellen	
4.4	**Reinigen und Pflegen von Textilien**	6 Wochen
a	Symbole der Pflegekennzeichnung und Eigenschaften von Fasern und Geweben sowie ihre Ausrüstung erläutern	
b	Textilreinigung und Pflege durchführen	
4.5	**Vorratshaltung und Warenwirtschaft**	3 Wochen
a	betriebliche Vorratshaltung erläutern	
b	Waren einlagern, Warenbestände und Lagerungsbedingungen kontrollieren	
5	**Hauswirtschaftliche Betreuungsleistungen**	
5.3	**Hilfe leisten bei Alltagsverrichtungen**	4 Wochen
a	Bedeutung der Alltagsverrichtungen für eine eigenständige Lebensführung erläutern	
b	Personen bei ihren Alltagsversorgungen unterstützen	

Inhalte der 1. Hälfte des 2. Ausbildungsjahres (bis Zwischenprüfung)

2.3	**Betriebliche, marktwirtschaftliche und soziale Zusammenhänge und Beziehungen**	2 Wochen
a	hauswirtschaftliche Dienstleistungen koordinieren	
b	bei der Zusammenarbeit im Rahmen betrieblicher Aufgabenstellungen und bestehender Kooperationsbeziehungen mitwirken	
c	bei der Zusammenarbeit mit berufsständischen Organisationen, Gewerkschaften, Verwaltungen und Verbänden mitwirken	
d	soziale Beziehungen im Betrieb und im beruflichen Einwirkungsbereich mitgestalten	
2.4	**Bedarf und Ansprüche von zu versorgenden und zu betreuenden Personen**	2 Wochen
a	Bedarf und Ansprüche zu versorgender und zu betreuender Personen ermitteln und in Leistungen umsetzen	
b	Personen über das Angebot an Dienstleistungen und Produkten informieren	
2.5	**Beschaffen und Bewerten von Informationen**	2 Wochen
a	Fachinformationen für die betriebliche Arbeit bewerten und nutzen	
b	Schriftverkehr durchführen und Protokolle anfertigen	
c	fremdsprachliche Fachbegriffe verwenden	
d	Daten und Sachverhalte zeichnerisch darstellen	
4	**Hauswirtschaftliche Versorgungsleistungen**	7 Wochen
4.1	**Speisenzubereitung und Service**	
a	Nährwert berechnen und mit Nährstoffempfehlungen vergleichen	
b	Speisen und Getränke unter Berücksichtigung von Grundrezepturen personen- und anlassorientiert zubereiten	
c	vorgefertigte Produkte unter Beachtung, insbesondere der Wertigkeit, Qualität und Wirtschaftlichkeit, verarbeiten	
d	Tische anlassbezogen eindecken und dekorieren	
4.2	**Reinigen und Pflegen von Räumen**	3 Wochen
a	Reinigungsarten für verschiedene Räume und Betriebseinrichtungen festlegen	
b	Reinigungs- und Hygienepläne erstellen	
4.3	**Gestalten von Räumen und des Wohnumfeldes**	3 Wochen
a	Räume gestalten und dekorieren	
b	Wohnumfeld mit Pflanzen gestalten und Pflanzen pflegen	
4.4	**Reinigen und Pflegen von Textilien**	3 Wochen
a	bei der Organisation der Textilreinigung und -pflege mitwirken	
b	Ausbesserungstechniken nach wirtschaftlichen Gesichtspunkten auswählen und durchführen	
4.5	**Vorratshaltung und Warenwirtschaft**	4 Wochen
a	Lebensmittel und Speisen haltbar machen	
b	Inventur durchführen und Ergebnisse auswerten	

Inhalte der 2. Hälfte des 2. Ausbildungsjahres und des 3. Ausbildungsjahres (Zwischenprüfung bis Abschlussprüfung)

2.6	**Betriebliche Geschäftsvorgänge**	10 Wochen
a	Angebote einholen, deren Konditionen vergleichen und bewerten	
b	betriebliche Abrechnungsverfahren anwenden	
c	Kosten für Eigen- und Fremdleistung ermitteln	
d	Reklamationen entgegennehmen, bearbeiten, Lösungen aufzeigen	
e	rechtliche Grundlagen des Verbraucherschutzes und Haftungsbestimmungen berücksichtigen	
f	hauswirtschaftliche Leistungen und deren Vergabe unter Berücksichtigung von Qualität und Kosten beurteilen	
g	Die Kostenstruktur von hauswirtschaftlichen Leistungsbereichen darstellen	
h	bei der Erstellung und Überwachung von Budget- und Investitionsplänen in Teilbereichen mitwirken	
i	Finanzierungsmöglichkeiten hauswirtschaftlicher Leistungen aufzeigen	
3	**Betriebsräume und Betriebseinrichtungen**	5 Wochen
3.2	**Beurteilen und Planen von Betriebseinrichtungen und -räumen**	
a	Lage, Größe und Zuordnung erfassen	
b	funktionsgerechte Einrichtung beurteilen	
c	Planungsgrundsätze betriebsbezogen ansetzen	
d	bei der Planung mitwirken	
4	**Hauswirtschaftliche Versorgungsleistungen**	7 Wochen
4.1	**Speisenzubereitung und Service**	
e	Verpflegungssysteme des Ausbildungsbetriebes erläutern	
f	Speisenverteilsysteme beschreiben und im Hinblick auf Funktionalität sowie Personenorientierung beurteilen und anwenden	
g	Speisepläne erstellen	
h	Speisen, Getränke und Gebäcke personenorientiert und anlassbezogen zusammenstellen, anrichten und präsentieren	
4.3	**Gestalten von Räumen und des Wohnumfeldes**	3 Wochen
a	Einrichtung von Wohnräumen beschreiben und ihre Nutzung beurteilen	
b	bei der Planung des Wohnumfeldes mitwirken	
5	**Hauswirtschaftliche Betreuungsleistungen**	10 Wochen
5.1	**Personenorientierte Gesprächsführung**	
a	verschiedene Kommunikationsformen und Techniken anwenden	
b	Gespräche personenorientiert und situationsgerecht führen	
c	Konflikte erkennen und Möglichkeiten der Konfliktlösung anwenden	

5.2	**Motivation und Beschäftigung**	9 Wochen
a	Betreuungsbedarf erfassen	
b	Betreuungsangebot personen- und anlassorientiert gestalten und umsetzen	
c	aktivierende Angebote zur Motivation und Beschäftigung unterbreiten und bei deren Umsetzung mitwirken	
5.3	**Hilfe leisten bei Alltagsverrichtungen**	10 Wochen
a	Betreuungsleistung unter Berücksichtigung berufsbezogener Regelungen durchführen	
b	häusliche Krankenpflege durchführen	
6	**Fachaufgaben im Einsatzgebiet**	10 Wochen
6.1	**Betriebsspezifische Produkt- und Dienstleistungsangebote**	
a	Dienstleistungen erbringen und Produkte herstellen	
b	Dienstleistungen anbieten und Produkte vermarkten	
c	Qualitätssicherungssysteme anwenden	
d	mit anderen Leistungsträgern kooperieren	
e	spezifische Personengruppen versorgen und betreuen	
6.2	**Kundenorientierung und Marketing**	9 Wochen
a	über Leistungsangebote informieren	
b	Dienstleistungen und Produkte präsentieren	
c	Maßnahmen der Öffentlichkeitsarbeit betriebsspezifisch einsetzen und bewerten	
6.3	**Kalkulation und Abrechnung von Leistungen**	5 Wochen
a	Kriterien zur Preisgestaltung beachten und Kalkulationen durchführen	
b	Finanzierungsvorhaben berücksichtigen	
c	betriebsspezifische Leistungen abrechnen	

2.1.3 Lernorte – Beispiele für drei Ausbildungsbetriebe

Alten- und Pflegeheim

- Produktionsküche
- Wohnbereichsküchen
- Cafeteria
- Restaurant
- Wohnbereiche und öffentliche Räume
- Wäscherei/Schneiderei
- Hauswirtschaftsbüro
- Empfang
- Personalbüro

Bildungseinrichtung

- Produktionsküche
- Gästeküchen
- Bar
- Restaurant
- Gästebereich und öffentliche Räume
- Seminarbereich
- Wäscherei/Schneiderei
- Hauswirtschaftsbüro
- Empfang
- Personalburo

Pension mit Bauerncafé

- Küche/Bäckerei
- Frühstücksküche
- Bauerncafé/Restaurant
- Gästebereich und öffentliche Räume
- Nutzgarten
- Haushaltsarbeitsraum
- Büro
- Kooperation: Einsatz mit einer
- Dorfhelferin (3 Wochen)

2.1.4 Betrieblicher Ausbildungsplan Alten- und Pflegeheim Erstes Ausbildungsjahr

Lernort	KW	Anleiter	Inhalte /Schwerpunkte		Nachweis	
					erarbeitet	nicht erarbeitet
Hauswirtschaftsbüro	31	Frau Herbers	1.1 1.2 2.5	Aufbau und Organisation des Ausbildungsbetriebes Berufsbildung Beschaffen und Bewerten von Informationen		
Produktionsküche	32	Herr Schulz	1.4 1.5 1.6 2.1 2.2 3.1	Sicherheit und Gesundheitsschutz bei der Arbeit Hygiene Umweltschutz Arbeitsorganisation Qualitätssichernde Maßnahmen Einsetzen von Maschinen, Geräten und Gebrauchsgütern		
Restaurant	33	Frau Winter				
Wohnbereiche	34	Frau Kleist				
Wäscherei	35	Frau Zimmer				
Wohnbereiche und öffentliche Räume	36 - 38	Frau Kleist	2.4 4.2 4.3 5.3	Bedarf und Ansprüche von zu versorgenden und zu betreuenden Personen Reinigen und Pflegen von Räumen Gestalten von Räumen und des Wohnumfeldes Hilfe leisten bei Alltagsverrichtungen		
Produktionsküche	39 - 42	Herr Schulz	2.3 2.4 2.5 2.6 3.1 4.1 4.5	Betriebliche, marktwirtschaftliche und soziale Zusammenhänge und Beziehungen Bedarf und Ansprüche von zu versorgenden und zu betreuenden Personen Beschaffen und Bewerten von Informationen Betriebliche Geschäftsvorgänge Einsetzen von Maschinen, Geräten und Gebrauchsgütern Speisenzubereitung Vorratshaltung und Warenwirtschaft		
Restaurant	43 - 45	Frau Winter	2.4 4.1 4.3 5.3	Bedarf und Ansprüche von zu versorgenden und zu betreuenden Personen Service Gestalten von Räumen und des Wohnumfeldes Hilfe leisten bei Alltagsverrichtungen		

Lernort	KW	Anleiter	Inhalte /Schwerpunkte		Nachweis	
					erarbeitet	nicht erarbeitet
Wohnbereiche und öffentliche Räume	46	Frau Herbers	4.3	Gestalten von Räumen und des Wohnumfeldes		
Wäscherei, Schneiderei	47 - 50	Frau Zimmer	2.4 3.1 4.4	Bedarf und Ansprüche von zu versorgenden und zu betreuenden Personen Einsetzen von Maschinen, Geräten und Gebrauchsgütern Reinigen und Pflegen von Textilien		
Cafeteria	51 - 52	Frau Winter	2.4 4.1 4.3 5.3	Bedarf und Ansprüche von zu versorgenden und zu betreuenden Personen Service Gestalten von Räumen und des Wohnumfeldes Hilfe leisten bei Alltagsverrichtungen		
Hauswirtschaftsbüro	1-2	Frau Herbers	2.6	Betriebliche Geschäftsvorgänge		
Personalbüro	3	Frau Mai	1.3	Arbeits-, sozial- und tarifrechtliche Bestimmungen		
Wohnbereiche und öffentliche Räume	4-6	Frau Kleist	4.2 5.3	Reinigen und Pflegen von Räumen Hilfe leisten bei Alltagsverrichtungen		
Empfang	7-9	Frau Stein	2.4 2.5 2.6 5.3	Bedarf und Ansprüche von zu versorgenden und zu betreuenden Personen Beschaffen und Bewerten von Informationen Betriebliche Geschäftsvorgänge Hilfe leisten bei Alltagsverrichtungen		
Produktionsküche	10 - 14	Herr Schulz	2.5 2.6 3.1 4.1 4.5	Beschaffen und Bewerten von Informationen Betriebliche Geschäftsvorgänge Einsetzen von Maschinen, Geräten und Gebrauchsgütern Speisenzubereitung Vorratshaltung und Warenwirtschaft		

Lernort	KW	Anleiter	Inhalte /Schwerpunkte		Nachweis	
					erar-bei-tet	nicht erar-beitet
Wohnbe-reiche und öffentliche Räume	15	Frau Herbers	4.3	Gestalten von Räumen und des Wohnumfeldes		
Wohnbe-reichs-küchen	16 - 19	Frau Ostmann	2.4 3.1 4.1 4.5 5.3	Bedarf und Ansprüche von zu versorgenden und zu betreuen-den Personen Einsetzen von Maschinen, Geräten und Gebrauchsgütern Speisenzubereitung und Service Vorratshaltung und Warenwirtschaft Hilfe leisten bei Alltagsverrich-tungen		
Wäscherei, Schneide-rei	20 - 26	Frau Zimmer	2.6 3.1 4.2 4.4 4.5	Betriebliche Geschäftsvorgänge Einsetzen von Maschinen, Geräten und Gebrauchsgütern Reinigen und Pflegen von Räumen Reinigen und Pflegen von Textilien Vorratshaltung und Warenwirtschaft		
Wohnbe-reiche und öffentliche Räume	27 - 28	Frau Herbers	4.3	Gestalten von Räumen und des Wohnumfeldes		
Hauswirt-schafts-büro	29 - 30	Frau Herbers	2.5 2.6	Beschaffen und Bewerten von Informationen Betriebliche Geschäftsvorgänge		

KW- Kalenderwoche; Beginn des Ausbildungsjahres ist KW 31 = 1. Augustwoche

Vermerk zu den Inhalten, die nicht erarbeitet wurden:

2.1.5 Betrieblicher Ausbildungsplan Bildungseinrichtung
Zweites Ausbildungsjahr

Lernort	KW	Anleiter	Inhalte /Schwerpunkte		Nachweis	
					erarbeitet	nicht erarbeitet
Hauswirtschaftsbüro	31 - 32	Frau Graf	2.3	Betriebliche, marktwirtschaftliche und soziale Zusammenhänge und Beziehungen		
			2.5	Beschaffen und Bewerten von Informationen		
Gästeküchen	33	Frau Hampel	2.4	Bedarf und Ansprüche von zu versorgenden und zu betreuenden Personen		
			4.3	Gestalten von Räumen und des Wohnumfeldes		
Produktionsküche	34 - 41	Frau Schwarz	2.4	Bedarf und Ansprüche von zu versorgenden und zu betreuenden Personen		
			2.5	Beschaffen und Bewerten von Informationen		
			4.2	Reinigen und Pflegen von Räumen		
			4.1	Speisenzubereitung		
			4.5	Vorratshaltung und Warenwirtschaft		
Restaurant	42 - 43	Herr Winkels	2.4	Bedarf und Ansprüche von zu versorgenden und zu betreuenden Personen		
			4.1	Service		
			4.2	Reinigen und Pflegen von Räumen		
Wäscherei, Schneiderei	44 - 46	Frau Simon	4.4	Reinigen und Pflegen von Textilien		
			4.5	Vorratshaltung und Warenwirtschaft		
Gästebereich und öffentliche Räume	47 - 49	Frau Otto	4.2	Reinigen und Pflegen von Räumen		
			4.3	Gestalten von Räumen und des Wohnumfeldes		
Produktionsküche	50 - 52	Frau Schwarz	4.1	Speisenzubereitung		
			4.5	Vorratshaltung und Warenwirtschaft		
Hauswirtschaftsbüro	1	Frau Graf	2.5	Beschaffen und Bewerten von Informationen		
			4.5	Vorratshaltung und Warenwirtschaft		

Lernort	KW	Anleiter	Inhalte /Schwerpunkte		Nachweis erarbeitet	Nachweis nicht erarbeitet
Seminarbereich	2-3	Frau Otto	2.4 4.2 4.3	Bedarf und Ansprüche von zu versorgenden und zu betreuenden Personen Reinigen und Pflegen von Räumen Gestalten von Räumen und des Wohnumfeldes		
Zwischenprüfungsvorbereitung	4-5	Frau Graf		Inhalte je nach Förderbedarf		
Empfang	6-9	Frau Knüll	2.6 5.1 5.2 5.3	Betriebliche Geschäftsvorgänge Personenorientierte Gesprächsführung Motivation und Beschäftigung Hilfe leisten bei Alltagsverrichtungen		
Bar	10 - 12	Herr Winkels	2.6 5.1	Betriebliche Geschäftsvorgänge Personenorientierte Gesprächsführung		
Gästebereich und öffentliche Räume	13 - 15	Frau Graf	3.2 4.3	Beurteilen und Planen von Betriebseinrichtungen und Räumen Gestalten von Räumen und des Wohnumfeldes		
Produktionsküche	16 - 21	Frau Schwarz	2.6 4.1	Betriebliche Geschäftsvorgänge Speisenzubereitung		
Restaurant	22 - 26	Herr Winkels	4.1 4.3 5.1	Service Gestalten von Räumen und des Wohnumfeldes Personenorientierte Gesprächsführung		
Seminarbereich	27 - 30	Frau Otto	3.2 4.3 5.1	Beurteilen und Planen von Betriebseinrichtungen und Räumen Gestalten von Räumen und des Wohnumfeldes Personenorientierte Gesprächsführung		

Vermerk zu den Inhalten, die nicht erarbeitet wurden:

2.1.6 Betrieblicher Ausbildungsplan Pension mit Bauerncafé Drittes Ausbildungsjahr

Lernort	KW	Anleiter	Inhalte /Schwerpunkte		Nachweis	
					erarbeitet	nicht erarbeitet
			Fachaufgaben im Einsatzgebiet überwiegend durchzuführen als Projekte			
Nutzgarten, Büro	31 - 34	Frau Fink	2.6 3.2 6.1 6.2 6.3	Betriebliche Geschäftsvorgänge Beurteilen und Planen von Betriebseinrichtungen Betriebsspezifische Produkt- und Dienstleistungsangebote Kundenorientierung und Marketing Kalkulation und Abrechnung von Leistungen		
Küche, Bäckerei, Büro	35 - 42	Herr Fink	2.6 4.1 6.1 6.2 6.3	Betriebliche Geschäftsvorgänge Speisenzubereitung Betriebsspezifische Produkt- und Dienstleistungsangebote Kundenorientierung und Marketing Kalkulation und Abrechnung von Leistungen		
Bauerncafé, Restaurant Büro	42 - 52	Frau Sebold	2.6 3.2 4.1 5.1 6.1 6.2 6.3	Betriebliche Geschäftsvorgänge Beurteilen und Planen von Betriebseinrichtungen und Räumen Service Personenorientierte Gesprächsführung Betriebsspezifische Produkt- und Dienstleistungsangebote Kundenorientierung und Marketing Kalkulation und Abrechnung von Leistungen		
Gästebereich und öffentliche Räume, Büro	1-7	Frau Fink	2.6 5.2 5.3 6.1 6.2 6.3	Betriebliche Geschäftsvorgänge Motivation und Beschäftigung Hilfe leisten bei Alltagsverrichtungen Betriebsspezifische Produkt- und Dienstleistungsangebote Kundenorientierung und Marketing Kalkulation und Abrechnung von Leistungen		

Lernort	KW	Anleiter	Inhalte /Schwerpunkte		Nachweis erar-beitet	Nachweis nicht erar-beitet
Kooperation: Begleitung einer Dorfhelferin	8 - 10	Frau Zupf	5.2 5.3	Motivation und Beschäftigung Hilfe leisten bei Alltagsverrichtungen		
Haushaltarbeitsraum	11 - 13	Frau Fink	6.1 6.2 6.3	Betriebsspezifische Produkt- und Dienstleistungsangebote Kundenorientierung und Marketing Kalkulation und Abrechnung von Leistungen		
Küche, Bäckerei, Büro	14 - 22	Herr Fink	6.1 6.2 6.3	Betriebsspezifische Produkt- und Dienstleistungsangebote Kundenorientierung und Marketing Kalkulation und Abrechnung von Leistungen		
Bauerncafé, Restaurant, Büro	23 - 28	Frau Sebold	6.1 6.2 6.3	Betriebsspezifische Produkt- und Dienstleistungsangebote Kundenorientierung und Marketing Kalkulation und Abrechnung von Leistungen		
Abschlussprüfungsvorbereitung	29 - 30	Frau Fink	-	Inhalte je nach Förderbedarf		

Vermerk zu den Inhalten, die nicht erarbeitet wurden:

2.1.7 Einsatzplan

Ein personenbezogener Einsatzplan (Versetzungsplan) bietet der Auszubildenden und der Ausbilderin einen schnellen Überblick für ein ganzes Jahr.

Einsatzplan
Janine Müller, Auszubildende in der Hauswirtschaft

Ausbildungsbeginn: 01.08.2011
Ende des 1. Ausbildungsjahres: 31.07.2012

Zeitraum	Lernort	Anleiter	Bemerkung
01.08.-07.08.11	Hauswirtschaftsbüro	Frau Herbers	Erstes Kennenlernen aller Bereiche des Betriebes
08.08.-14.08.11	Produktionsküche	Herr Schulz	
15.08.-21.08.11	Restaurant	Frau Winter	
22.08.-28.08.11	Wohnbereiche	Frau Kleist	
29.08.-04.09.11	Wäscherei	Frau Zimmer	
05.09.-25.09.11	Wohnbereiche	Frau Kleist	
26.09.-23.10.11	Produktionsküche	Herr Schulz	
24.10.-13.11.11	Restaurant	Frau Winter	
14.11.-20.11.11	Wohnbereiche	Frau Herbers	
21.11.-18.12.11	Wäscherei	Frau Zimmer	Ende der Probezeit 30.11.11
19.12.11.-01.01.12	Cafeteria	Frau Winter	
02.01.-15.01.12	Hauswirtschaftsbüro	Frau Herbers	
16.01.-22.01.12	Personalbüro	Frau Mai	
23.01.-12.02.12	Wohnbereiche	Frau Kleist	
13.02.-04.03.12	Empfang	Frau Stein	
05.03.-08.04.12	Produktionsküche	Herr Schulz	
09.04.-15.04.12	Wohnbereiche	Frau Herbers	
16.04.-13.05.12	Wohnbereichsküchen	Frau Ostmann	
14.05.-01.07.12	Wäscherei	Frau Zimmer	
02.07.-15.07.12	Wohnbereiche	Frau Herbers	
16.07.-31.07.12	Hauswirtschaftsbüro	Frau Herbers	Ende der Grundbildung

Änderungen vorbehalten
Berufsschule: montags ganztags, dienstags halbtags,
dienstags nachmittags in der Regel Arbeit am Berichtsheft im Betrieb

2.2 Mitwirkung und Mitbestimmung der betrieblichen Interessenvertretung bei der Ausbildung

2.2.1 Betriebsverfassungsgesetz

Die Mitwirkung und Mitbestimmung der betrieblichen Interessenvertretung ist im Betriebsverfassungsgesetz (BetrVG) geregelt. In kirchlichen Einrichtungen gilt das Mitarbeitervertretungsgesetz, im öffentlichen Dienst das Personalvertretungsgesetz. Die Rechte im kirchlichen und öffentlichen Dienst sind nicht so weit reichend wie in anderen Betrieben, werden hier aber nicht separat erläutert.

So vertiefen Sie das Thema:

Wenn Sie im kirchlichen oder öffentlichen Dienst beschäftigt sind, machen Sie sich im Internet mit dem Mitarbeitervertretungsgesetz bzw. dem Personalvertretungsgesetz vertraut. Auch Ihre Mitarbeitervertretung (MAV) bzw. der Personalrat geben Ihnen Auskunft über die Unterschiede zum Betriebsverfassungsgesetz.

Unabhängig davon, ob in einem Betrieb ein Betriebsrat besteht, hat jeder Arbeitnehmer und Auszubildende folgende Mitwirkungs- und Beschwerderechte, die in §§ 81-86 BetrVG beschrieben sind:

- Unterrichtungs- und Erörterungspflicht des Arbeitgebers
- Anhörungs- und Erörterungsrecht des Arbeitnehmers
- Einsicht in die Personalakte
- Beschwerderecht

2.2.2 Betriebsrat

In Betrieben ab mindestens fünf Mitarbeitern kann ein Betriebsrat gewählt werden. Die Aufgaben des Betriebsrats sind (§ 80 BetrVG):

- Der Betriebsrat überwacht, dass die geltenden Gesetze und Verordnungen, die Unfallverhütungsvorschriften, Tarifverträge und Betriebsvereinbarungen eingehalten werden.
- Er fördert Maßnahmen des Arbeitsschutzes und des betrieblichen Umweltschutzes.
- Er beantragt Maßnahmen, die dem Betrieb und der Belegschaft dienen.
- Er setzt sich für die Gleichstellung von Männern und Frauen in allen betrieblichen Belangen ein und fördert die Vereinbarkeit von Familie und Erwerbstätigkeit.
- Er nimmt Anregungen von Arbeitnehmern entgegen und vertritt sie gegenüber dem Arbeitgeber, sofern sie berechtigt sind.

- Er fördert die Eingliederung von Schwerbehinderten, die Beschäftigung älterer Arbeitnehmer und die Integration ausländischer Arbeitnehmer.
- Er führt in Unternehmen mit mindestens fünf Arbeitnehmern unter 18 Jahren bzw. Auszubildenden unter 25 Jahren Wahlen zur Jugend- und Auszubildendenvertretung (JAV) durch.
- Er trägt dazu bei, die Beschäftigung im Betrieb zu fördern und zu sichern.

Wichtigster Grundsatz ist: In allen Angelegenheiten ist der Betriebsrat angehalten, mit dem Arbeitgeber vertrauensvoll zusammenzuarbeiten.

Der Betriebsrat hat

- Beteiligungsrechte
- Mitwirkungsrechte und
- Mitbestimmungsrechte

Spezielle Rechte, die die betriebliche Ausbildung betreffen sind:

- Beratung bei der Einführung der betrieblichen Ausbildung
- Zustimmung bei der Auswahl von Auszubildenden
- Förderung der Berufausbildung im Betrieb
- Zustimmung bzw. Ablehnung von Ausbildungspersonal, das fachlich und berufs- und arbeitspädagogisch nicht geeignet ist, die betriebliche Ausbildung zu leiten
- Mitbestimmung bei der Übernahme von Auszubildenden nach der Prüfung

2.2.3 Jugend- und Auszubildendenvertretung (JAV)

In Betrieben mit mindestens fünf

- Arbeitnehmern unter 18 Jahren und
- Auszubildenden unter 25 Jahren

können Jugend- und Auszubildendenvertretungen (JAV) gewählt werden. Ihre Aufgaben sind vor allem die Beantragung von Maßnahmen, die

- der speziellen Gruppe von Auszubildenden und Jugendlichen dienen
- die Gleichstellung von männlichen und weiblichen Jugendlichen und Auszubildenden fördert
- die Integration ausländischer Jugendlicher und Auszubildender fördert.

Sie überwacht, dass spezielle Gesetze, Verordnungen und Unfallverhütungsvorschriften, Tarifverträge und Betriebsvereinbarungen für Jugendliche und Auszubildende eingehalten werden.

2.3 Kooperationsbedarf und Kooperationspartner

2.3.1 Verschiedene Kooperationspartner

In der dualen Ausbildung muss ein Ausbildungsbetrieb mit zahlreichen Partnern kooperieren. Im § 2 BBiG wird die so genannte „Lernortkooperation" gefordert, d.h. Sie sind als Ausbilderin aufgefordert, mit allen Kooperationspartnern vertrauensvoll zusammenzuarbeiten.

Folgende Kooperationspartner kommen in Frage:

- Berufsschule
- Zuständige Stellen für die Ausbildung
- Verbundbetriebe, wenn Ausbildung im Verbund durchgeführt wird
- Praktikumsbetriebe, wenn Ausbildung in außerbetrieblichen Ausbildungsstätten durchgeführt wird
- Agentur für Arbeit

2.3.2 Kooperation Betrieb - Berufsschule

Eine Kooperation zwischen den beiden Lernorten Betrieb und Berufsschule sollte immer gleichermaßen von Lehrkräften und Ausbilderinnen ausgehen. Je intensiver die Kooperation ist, desto geringer sind die Doppelungen oder Unklarheiten, unter denen die Auszubildenden leiden können.

Zunächst muss jede Ausbilderin die Lernfelder des Berufsschulunterrichts kennen.

Erstes Ausbildungsjahr

Lernfeld 1	Die Berufsausbildung mitgestalten	40 Std.
Lernfeld 2	Güter und Dienstleistungen beschaffen	80 Std.
Lernfeld 3	Waren lagern	40 Std.
Lernfeld 4	Speisen und Getränke herstellen und servieren	100 Std.
Lernfeld 7	Wohn- und Funktionsbereiche reinigen und pflegen	60 Std.

Zweites Ausbildungsjahr

Lernfeld 5	Personengruppen verpflegen	80 Std.
Lernfeld 8	Textilien reinigen und pflegen	80 Std.
Lernfeld 9	Wohnumfeld und Funktionsbereiche gestalten	80 Std.
Lernfeld 10	Personen individuell wahrnehmen und beobachten	40 Std.

Drittes Ausbildungsjahr

Lernfeld 6	Personen zu unterschiedlichen Anlässen versorgen	60 Std.
Lernfeld 11	Personen individuell betreuen	120 Std.
Lernfeld 12	Produkte und Dienstleistungen vermarkten	60 Std.
Lernfeld 13	Hauswirtschaftliche Arbeitsprozesse Koordinieren	40 Std.

Die Inhalte des Lernfelds 4 „Speisen und Getränke herstellen“ sind exemplarisch im Handlungsfeld 1 „Ausbildungsvoraussetzungen prüfen“ dargestellt und mit den Inhalten des Ausbildungsrahmenplans verglichen.

Im Idealfall werden die Inhalte der Lernfelder zeitlich mit den Inhalten der Berufsbildpositionen aus der Ausbildungsverordnung bzw. dem Ausbildungsrahmenplan und dem betrieblichen Ausbildungsplan abgestimmt. Dass dies nicht immer möglich ist, liegt bei der Vielzahl der Ausbildungsbetriebe, die in einer Berufsschulklasse zusammen kommen, auf der Hand. Es lässt sich jedoch immer wieder einrichten, dass gemeinsame Schwerpunkte gebildet werden.

Möglichkeiten der Kooperation:

- Durchführung von gemeinsamen Projekten
- Ausbildersprechtage an der Berufsschule
- Einrichtung von regelmäßigen Arbeitskreisen mit Ausbilderinnen und Lehrkräften
- Gemeinsame Fortbildungen von Ausbilderinnen und Lehrkräften
- Ausbilderinnen hospitieren in der Schule – Lehrkräfte hospitieren im Betrieb
- Regelmäßiger Austausch des Lehrplans und des betrieblichen Ausbildungsplans

So vertiefen Sie das Thema:

Wie haben in Ihrer eigenen Ausbildungszeit Ihr Ausbildungsbetrieb und die Berufsschule kooperiert? Wie möchten Sie jetzt als Ausbilderin die Kooperation gestalten?

Sammeln Sie Ideen für Projekte, die Sie in Kooperation von Betrieb und Berufsschule durchführen können.

2.4 Auswahl und Einstellung von Auszubildenden

2.4.1 Übersicht

Der Ausbildende, z. B. Heimleitung, Geschäftführung, delegiert die Verantwortung für die Ausbildung an Sie als verantwortliche Ausbilderin. Somit sind Sie an der Auswahl und Einstellung von hauswirtschaftlichen Auszubildenden beteiligt.

Übersicht über den Ablauf bis zur Vertragsgestaltung

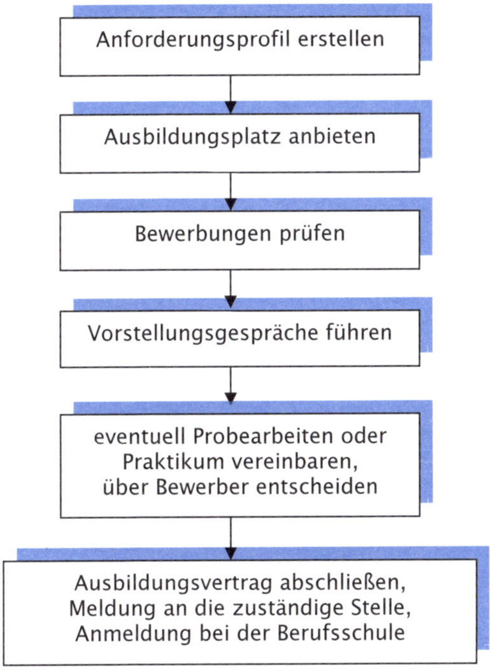

2.4.2 Anforderungsprofil

Wenn Sie das Anforderungsprofil einer zukünftigen hauswirtschaftlichen Auszubildenden erstellen, sollten Sie sich von diesen Fragen leiten lassen:

- Welche schulischen Anforderungen stellen Sie?
  z. B. Schulabschluss, Mindestanforderungen in Deutsch, Sachkunde, Mathematik, Verhalten
- Welche persönlichen Anforderungen stellen Sie?
  z. B. persönliches Erscheinungsbild, Kontaktfreudigkeit, Einstellungen zu Menschen, Bereitschaft, Verantwortung zu übernehmen, Motivation für die hauswirtschaftliche Ausbildung
- Welche Talente, Interessen, Hobbys, Ehrenämter können auf eine Eignung hinweisen?
  z. B. Kochen, Organisieren von Geburtstagsfeiern im Familienkreis, Begleiten von Kinderfreizeiten, Besuche im Altenheim, Jugendwart im Sportverein, Schülerlotse
- Was muss eine Auszubildende mitbringen, damit sie in Ihr Team und in Ihre Einrichtung passt?

2.4.3 Ausbildungsplatz anbieten

Um einen Ausbildungsplatz anzubieten, sollten Sie vielfältige Kanäle nutzen, z. B.

- Kontakt zu Allgemeinbildenden Schulen und Berufsschulen über Praktika und Berufsbildungsmärkte
- Inserate in der Fachpresse und Verbandsorganen
- Inserate in der Lokalpresse, am besten in einer Sonderbeilage „Ausbildung heute“
- Internetseiten des hauseigenen Trägers
- Agentur für Arbeit
- Mundpropaganda

2.4.4 Bewerbungen prüfen

Kein Bewerber für eine hauswirtschaftliche Ausbildung muss dicke Bewerbungsunterlagen einreichen – die dann meist doch von professionellen Beratern standardisiert erstellt wurden. Aber schon das Anschreiben, der Lebenslauf und das letzte Schulzeugnis lassen erste Rückschlüsse darauf zu, ob der Bewerber dem Anforderungsprofil entsprechen könnte.
Die schriftlichen Bewerbungsunterlagen prüfen und beurteilen Sie nach

- Vollständigkeit (Anschreiben, Lebenslauf, Schul- und/oder Praktikumszeugnisse)
- Aussagefähigkeit (lassen die Unterlagen erkennen, dass das gewünschte Profil erfüllt werden kann?)
- optischer Qualität (ohne Fettflecken, Eselsohren)

2.4.5 Vorstellungsgespräche führen

Wenn Sie Vorstellungsgespräche gut vor- und nachbereiten, können Sie Ihre Entscheidung über eine Bewerberin effektiv und fachlich fundiert fällen.

Organisatorische Rahmenbedingungen:

- Schriftliche Einladung mit genauer Zeit- und Ortsangabe. Wenn Sie bei Minderjährigen auch die Eltern einladen, weisen Sie sie darauf hin, dass Sie einen Teil des Gespräches mit der Bewerberin allein führen möchten
- Beteiligung des Betriebsrates, eventuell mit Jugendvertreter absprechen
- Selbst genügend Zeit einplanen und dafür sorgen, dass Sie während des Gespräches nicht gestört werden
- Klare Verabredung treffen, bis wann die Bewerberin eine Zu- oder Absage erhält

Angenehme Gesprächssituation:

- Gespräch im Besprechungsraum mit Tischen und Stühlen führen, nicht in Sesseln oder im Stehen, Getränke anbieten

- Mit ein wenig small talk den Bewerberinnen die Anspannung nehmen, aber auch deutlich signalisieren, wann das tatsächliche Bewerbungsgespräch beginnt.
- Weitere Anwesende (z. B. Fachkolleginnen, Betriebsrat oder Mitarbeitervertretung) mit ihrer Funktion vorstellen.

Inhalte:

- Vorstellen des Ausbildungsbetriebs
- Vorstellen des Ausbildungsberufs Hauswirtschafterin
- Fragen zum persönlichen Bezug/eventuell Erfahrungen in der Hauswirtschaft und zum Ausbildungsbetrieb
- Fragen zu den eigenen Vorstellungen
- Fragen nach Interessen, Hobbys, Ehrenämtern
- Wo erforderlich: Fragen zur Bereitschaft, in der Einrichtung zu wohnen
- Rundgang durch die Einrichtung, eventuell mit kurzer Gesprächsgelegenheit mit Auszubildenden oder Praktikantinnen
- Eventuell Praktikum oder Probearbeiten verabreden

Nachbereitung:

- Notizen machen unmittelbar nach dem Vorstellungsgespräch
- Beurteilung des Gespräches mit mindestens zwei Personen vornehmen
- Darauf achten, dass keine typischen Beurteilungsfehler gemacht werden (siehe Handlungsfeld 3 „Ausbildung durchführen")
- Entscheidung begründen
- Rückmeldung an die Bewerberin in der verabredeten Zeit

2.4.6 Probearbeiten oder Praktikum vereinbaren, Entscheidung fällen

Beim Probearbeiten oder Praktikum können Sie prüfen, ob sich der Eindruck bestätigt, den Sie während des Vorstellungsgespräches von der Bewerberin gewonnen haben. Lassen Sie die Bewerberin in verschiedenen hauswirtschaftlichen Bereichen arbeiten. Bedenken Sie dabei, dass Sie noch nicht die gleichen Maßstäbe wie in der Ausbildung ansetzen. Beobachten Sie vor allem Talent, Interesse und persönliche Eignung für eine Ausbildung zur Hauswirtschafterin.
Begründen Sie Ihre Entscheidung bei Zu- oder Absage des Ausbildungsplatzes und verwenden Sie dafür keine Standardformulierungen.

2.4.7 Vertragsabschluss, Meldung an die zuständige Stelle und Anmeldung zur Berufsschule

Ausbildungsverträge müssen vor Ausbildungsbeginn schriftlich niedergelegt werden und enthalten mindestens folgende Inhalte (siehe § 11 BBiG Vertragsniederschrift)

1. Art, sachliche und zeitliche Gliederung sowie Ziel der Berufsausbildung, insbesondere die Berufstätigkeit, für die ausgebildet werden soll
2. Beginn und Dauer der Berufsausbildung
3. Ausbildungsmaßnahmen außerhalb der Ausbildungsstätte

4. Dauer der regelmäßigen täglichen Arbeitszeit
5. Dauer der Probezeit
6. Zahlung und Höhe der Vergütung
7. Dauer des Urlaubs
8. Voraussetzungen, unter denen der Berufsausbildungsvertrag gekündigt werden kann
9. ein in allgemeiner Form gehaltener Hinweis auf die Tarifverträge, Betriebs- und Dienstvereinbarungen, die auf das Berufsausbildungsverhältnis anzuwenden sind.

Ausbildungsverträge erhalten Sie bei den zuständigen Stellen.

Aus dem Vertrag ergeben sich für den Auszubildenden und den Ausbildenden Pflichten.

Pflichten der Auszubildenden

Lernpflicht: Auszubildende müssen die Aufgaben, die ihnen im Rahmen der Berufsausbildung übertragen werden, sorgfältig ausführen.

Berufsschulunterricht: Sie müssen am Berufsschulunterricht und sonstigen Ausbildungsmaßnahmen außerhalb des Betriebs teilnehmen.

Weisungsgebundenheit: Sie müssen Weisungen folgen, die ihnen im Rahmen der Berufsausbildung erteilt werden.

Betriebliche Ordnung: Sie müssen die betriebliche Ordnung und die Vorschriften zur Unfallverhütung beachten.

Sorgfaltspflicht: Sie müssen mit Maschinen und sonstigen Einrichtungsgegenständen des Ausbildungsbetriebs sorgfältig umgehen.

Betriebsgeheimnisse: Sie müssen über Betriebsgeheimnisse Stillschweigen bewahren.

Schriftliche Ausbildungsnachweise: Sie müssen die Ausbildungsnachweise (Berichtsheft) ordnungsgemäß führen und den Ausbildenden regelmäßig vorlegen.

Benachrichtigung: Sie müssen den Ausbildungsbetrieb unverzüglich benachrichtigen, wenn sie aus Krankheits- oder anderen Gründen vom Betrieb oder Berufsschule fernbleiben.

Ärztliche Untersuchungen: Sie müssen, wenn sie noch nicht volljährig sind, vor Beginn der Ausbildung einen Nachweis über eine ärztliche Untersuchung vorlegen. Am Ende des ersten Ausbildungsjahres erfolgt eine Nachuntersuchung.

Hausordnung: Wenn sie in die häusliche Gemeinschaft des Ausbildenden eintreten, müssen sie die Hausordnung einhalten.

Pflichten der Ausbildenden

Ausbildungsziel: Ausbildende sind verpflichtet, den Auszubildenden berufliche Handlungsfähigkeit zu vermitteln, die zum Erreichen des Ausbildungsziels erforderlich ist. Sie müssen die Ausbildung zeitlich und sachlich so gliedern, dass die Auszubildenden das Ausbildungsziel innerhalb der vorgeschriebenen Zeit erreichen können.

Ausbildungsmittel: Sie müssen alle notwendigen Ausbildungsmittel zur Verfügung stellen, die für die Ausbildung und die Prüfung notwendig sind (z.B. Geräte, Lebensmittel).

Berufsschulunterricht: Sie müssen Auszubildenden für den Berufsschulunterricht und für Maßnahmen außerhalb des Ausbildungsbetriebs, die von den zuständigen Stellen angeordnet werden, freistellen.

Ausbildungsnachweise: Sie müssen Auszubildenden die Ausbildungsnachweise (Berichtsheft) kostenfrei zur Verfügung stellen, die Auszubildenden anleiten, das Berichtsheft zu führen, und die Ausbildungsnachweise regelmäßig kontrollieren und abzeichnen.

Ausbildungsbezogene Tätigkeiten: Sie dürfen Auszubildenden nur Aufgaben übertragen, die dem Ausbildungszweck dienen und den körperlichen Kräften der Auszubildenden angemessen sind.

Sorgepflicht: Sie müssen Auszubildende charakterlich fördern und dafür sorgen, dass sie sittlich und körperlich nicht gefährdet werden.

Ärztliche Untersuchungen: Sie müssen sich die ärztlichen Bescheinigungen der Auszubildenden, die noch nicht volljährig sind, vorlegen lassen.

Jugendarbeits- und Unfallschutz: Sie müssen dafür Sorge tragen, dass die Forderungen des Jugendarbeitsschutzgesetzes und die Vorschriften des Gesundheitsschutzes eingehalten werden. Sie müssen die Auszubildenden in Maßnahmen des Unfallschutzes unterweisen.

Sozialversicherung: Sie müssen Auszubildende zu den gesetzlichen Sozialversicherungen anmelden.

Antrag auf Eintragung in das Verzeichnis der Berufsausbildungsverhältnisse: Sie müssen unmittelbar nach Abschluss des Berufsausbildungsvertrages den Auszubildenden die Ausbildungsverträge aushändigen und bei der zuständigen Stelle für die Ausbildung die Eintragung in das Verzeichnis der Berufsausbildungsverhältnisse beantragen.

Anmeldung zur Prüfung: Sie müssen Auszubildende rechtzeitig zur Prüfung anmelden und sie für die Prüfung freistellen.

Der Berufsausbildungsvertrag wird mit dem betrieblichen Ausbildungsplan bei der zuständigen Stelle eingereicht. Die zuständige Stelle nimmt die Auszubildende in das Verzeichnis der Berufsausbildungsverhältnisse auf. Den genehmigten Ausbildungsplan reicht die zuständige Stelle dem Ausbildungsbetrieb zurück.

Nach Abschluss des Ausbildungsvertrages melden Sie Ihre zukünftige Auszubildende in der Berufsschule an und ordern ein Berichtsheft. Den Bezugsnachweis nennt Ihnen die zuständige Stelle. Meist können Sie das Berichtsheft auf der Internetseite der zuständigen Stelle direkt herunterladen.

Bevor die Auszubildende beginnt, muss sie, wenn sie minderjährig ist, eine Bescheinigung über die ärztliche Untersuchung gemäß Jugendarbeitsschutzgesetz vorlegen (siehe Handlungsfeld 1 „Ausbildungsvoraussetzungen prüfen").

Schließlich steht noch der Termin zur Erstbelehrung beim Gesundheitsamt nach § 43 Infektionsschutzgesetz an, sofern die Auszubildende nicht vorher schon einmal in einem Lebensmittel ver- oder bearbeitenden Betrieb beschäftigt war. Das könnte z. B. der Fall sein, wenn sie eine Ausbildung zur Bäckereifachverkäuferin abgebrochen hat. Dann muss sie lediglich die Bescheinigung über die jährliche Nachbelehrung vorlegen.

So vertiefen Sie das Thema:

Besorgen Sie sich über Ihre zuständige Stelle einen Ausbildungsvertrag. Sie finden dort weitere Erläuterungen.
„Übersetzen" Sie den trockenen Gesetzestext über die Pflichten, indem sie eine Collage, Poster oder Wandzeitung erstellen. Machen Sie sich dazu vorher klar, was die Pflichten im Einzelnen in einem hauswirtschaftlichen Ausbildungsbetrieb bedeuten.

2.5 Probezeit und Kündigung

Ausbildungsverträge beginnen immer mit einer Probezeit (§ 20 BBiG). Die Probezeit dient dazu, dass beide Seiten testen können, ob sie das Ausbildungsverhältnis beibehalten möchten. (Nähere Ausführungen zur Probezeit finden Sie im Handlungsfeld 3 „Ausbildung durchführen"). Während der Probezeit können beide Seiten ohne Einhaltung einer Kündigungsfrist kündigen.
Der Ausbildungsbetrieb kann nach der Probezeit nur aus einem wichtigen Grund fristlos kündigen, z. B. bei Diebstahl oder bei grober Pflichtverletzung des Vertrages durch die Auszubildenden. Auch Auszubildende können aus wichtigem Grund ohne Kündigungsfrist kündigen, z. B. bei sexueller Belästigung.

Wenn Auszubildende das Ausbildungsverhältnis aufgeben möchten oder einen anderen Beruf erlernen möchten, können sie mit einer Kündigungsfrist von vier Wochen das Ausbildungsverhältnis unter Angabe der Gründe kündigen. Wollen beide Seiten das Ausbildungsverhältnis beenden, können sie einen Auflösungsvertrag schließen. Kündigungen müssen immer schriftlich erfolgen.

§ 22 BBiG Kündigung

(1) Während der Probezeit kann das Berufsausbildungsverhältnis jederzeit ohne Einhalten einer Kündigungsfrist gekündigt werden.
(2) Nach der Probezeit kann das Berufsausbildungsverhältnis nur gekündigt werden
   1. aus einem wichtigen Grund ohne Einhalten einer Kündigungsfrist,
   2. von Auszubildenden mit einer Kündigungsfrist von vier Wochen, wenn sie die Berufsausbildung aufgeben oder sich für eine andere Berufstätigkeit ausbilden lassen wollen.
(3) Die Kündigung muss schriftlich und in den Fällen des Absatzes 2 unter Angabe der Kündigungsgründe erfolgen.

Hier wird noch einmal deutlich, welches Gewicht die Probezeit hat. Innerhalb dieser Frist sollten Sie alle Möglichkeiten ausschöpfen, um zu beurteilen, ob die Auszubildende für die Ausbildung zur Hauswirtschafterin geeignet ist.

2.6 Ende der Ausbildung und Verkürzung der Ausbildungszeit

(siehe auch Handlungsfeld 4 „Ausbildung abschließen")

Ausbildungsverträge enden in der Regel mit dem Bestehen der Abschlussprüfung. Werden Ausbildungsverträge z. B. nur für ein Jahr abgeschlossen (weil das zweite und dritte Jahr in einem anderen Betrieb absolviert werden), endet der Ausbildungsvertrag mit dem im Voraus festgelegten Datum.

§ 21 BBiG Beendigung

(1) Das Berufsausbildungsverhältnis endet mit dem Ablauf der Ausbildungszeit. Im Falle der Stufenausbildung endet es mit Ablauf der letzten Stufe.
(2) Bestehen Auszubildende vor Ablauf der Ausbildungszeit die Abschlussprüfung, so endet das Berufsausbildungsverhältnis mit Bekanntgabe des Ergebnisses durch den Prüfungsausschuss.
(3) Bestehen Auszubildende die Abschlussprüfung nicht, so verlängert sich das Ausbildungsverhältnis auf ihr Verlangen bis zur nächstmöglichen Wiederholungsprüfung, höchstens um ein Jahr.

Falls die Abschlussprüfung nicht bestanden wird, kann auf Antrag der Auszubildenden die Ausbildungsdauer bis zur nächsten Prüfungsabnahme verlängert werden. Eine Verlängerung ist zweimal möglich.

Unter bestimmten Voraussetzungen kann die Ausbildungszeit verkürzt werden, z. B.

- Ein Auszubildender hat erfolgreich eine Berufsfachschule besucht und kann die Ausbildung um ein Jahr verkürzen. Er steigt in die betriebliche Ausbildung gleich mit den Ausbildungsinhalten der Fachbildung ein, da er die Inhalte der Grundbildung in der Berufsfachschule erlernt hat. Somit dauert seine betriebliche Ausbildung nur zwei Jahre (zweites und drittes Ausbildungsjahr).
- Die Leistungen einer Auszubildenden sind so gut, dass es zu erwarten ist, dass sie das Ausbildungsziel in verkürzter Zeit erreichen kann. In diesem Fall stellen Ausbildende und Auszubildende bei der zuständigen Stelle für die Ausbildung einen Antrag auf Verkürzung der Ausbildungszeit.
- Eine Auszubildende ist allein erziehende Mutter. Sie kann bei der zuständigen Stelle einen Antrag auf Verkürzung der täglichen oder wöchentlichen Arbeitszeit stellen (Teilzeitausbildung).

2.7 Ausbildungsmöglichkeiten im Ausland

Das BBiG sieht vor, dass Teile der Ausbildung im Ausland absolviert werden können (BBiG § 2 Abs. 3). Eine Ausbildung im Ausland fördert vor allem

- Sozial- und Personalkompetenzen
- Sprachkompetenzen
- Interkulturelle Kompetenzen

Informationen zu Ausbildungsmöglichkeiten im Ausland und Hinweise zur finanziellen Förderung finden Sie unter

- www.na-bibb.de/leonardo_da_vinci_3.html
- www.bmbf.de
- www.wege-ins-ausland.netzcheckers.net/
- www.europass-info.de

So vertiefen Sie das Thema:

Recherchieren Sie in den genannten Internetquellen über Ausbildungsmöglichkeiten im Ausland. Erstellen Sie Checklisten zu folgenden Themen:
Ausbildungsbetrieb im Ausland, Lernstoff der Berufsschule während der Zeit im Ausland, Organisation des Auslandsaufenthalts, Finanzierung des Aufenthalts

Handlungsfeld 3

Ausbildung durchführen

3.1 Rahmenbedingungen für das Lernen

3.1.1 Begriffe rund um das Lernen

Die Gestaltung von Lernprozessen verlangt Wissen über didaktisch-methodisches Vorgehen. Zunächst einige Definitionen.

Pädagogik bedeutet Erziehungswissenschaft.

Berufs- und Arbeitspädagogik ist die Wissenschaft von der Erziehung in der Berufs- und Arbeitswelt.

Didaktik ist die Wissenschaft vom Lernen und Lehren.

Lernen bedeutet

- Verhalten,
- Einstellung,
- manuelles und kognitives Können

zu verändern. Dazu braucht es

- Impulse,
- Vorerfahrungen,
- Methoden.

Lehren bedeutet

- Impulse geben,
- auf Vorerfahrungen aufbauen,
- Methoden zum Lernen anbieten.

Methoden (kommt aus dem Griechischen) bedeutet

- der Weg zum Lernziel

Ausbilden am Arbeitsplatz bedeutet

- Lerninhalte festlegen,
- Lernaufträge ableiten,
- Lernziele definieren,
- Lernprozess der Auszubildenden mit Impulsen und Lernmethoden initiieren und unterstützen,
- Lernerfolge überprüfen.

3.1.2 Lernen lernen

Unser Gedächtnis arbeitet in drei Stufen:

- mit dem Ultrakurzzeitgedächtnis
- mit dem Kurzzeitgedächtnis
- mit dem Langzeitgedächtnis

Im Ultrakurzzeitgedächtnis bleiben die Impulse nur wenige Sekunden und im Kurzzeitgedächtnis etwa eine halbe Stunde bis sie im Langzeitgedächtnis ankommen.
Ob eine Information tatsächlich alle drei Stufen durchläuft oder nur ins Ultrakurzzeitgedächtnis oder Kurzzeitgedächtnis gelangt, hängt von vielen Faktoren ab, z. B.:

- Wie intensiv ist die Information?
- Wie wichtig nehmen wir die Information?
- Welche Vorinformationen haben wir, an die die neue Information anknüpfen kann?
- Über welche Kanäle kommt die Information bei uns an (lesen, hören, sehen, handeln oder kombinierte Kanäle)?
- In welcher Gefühlslage sind wir in diesem Moment?
- Konzentrieren wir uns auf die Information oder gelangt sie zufällig zu uns?
- Wie ist die Aufnahmefähigkeit in diesem Moment (Biorhythmus)?

Im täglichen Leben wollen wir gar nicht, dass alle Impulse auf Dauer gespeichert werden. Wenn wir lernen, möchten wir natürlich, dass die Informationen bis ins Langzeitgedächtnis gelangen.

Johann Heinrich Pestalozzi propagierte schon vor mehr als 250 Jahren das Lernen mit Kopf, Herz und Hand. Dafür steht heute die Vielfalt der Methoden und Lerntechniken.
Jeder der lernt, das heißt, jeder der Neues im Langzeitgedächtnis verankern möchte, sollte wissen, welcher Lerntyp er ist:

- ob er nachhaltig lernt, wenn er etwas sieht (visueller Typ)
- oder wenn er etwas hört (auditiver Typ)
- oder wenn er etwas tut/berührt (haptischer Typ)

Niemand lernt ausschließlich über einen einzigen Kanal. Die Statistik sagt, dass wir

- 10 % von dem behalten, was wir lesen
- 20 % von dem, was wir hören
- 30 % von dem, was wir sehen
- 50 % von dem, was wir hören und sehen
- über 90 % von dem, was wir hören, sehen und umsetzen

Trotz dieser Statistik hat jeder Mensch einen Kanal, über den er besonders gut lernt. Wer ihn kennt, lernt leichter.

3.1.3 Lerntypentest

(in Anlehnung an Klippert, H.: Methodentraining)

Bewerten Sie jede Aussage

- mit einer **3**, wenn Sie auf diesem Lernweg **viel** behalten,
- mit einer **2**, wenn Sie auf diesem Lernweg **einiges** behalten,
- mit einer **1**, wenn Sie auf diesem Lernweg **wenig** behalten.

	Lernweg	Bewertung
a	Ich mache mir zu einem Sachtext eine Tabelle.	2
b	In der Schule hält der Lehrer einen Vortrag über Sicherheitsvorschriften.	3
c	Ich sammle verschiedene Rezepte und dazu passende Bilder, ordne sie in einem Ringbuch und schreibe kurze Erläuterungen dazu.	2/3
d	Unsere Lehrerin zeigt uns im Lernfeld „Speisen und Getränke herstellen“ einen Trickfilm über Vitamine.	3
e	Eine Mitschülerin liest einen Text aus einem Schulbuch vor.	1
f	Ich schaue mir Bilder und Zeichnungen im Schulbuch an.	2
g	Ich fertige mir zu einem Lernstoff eine Zeichnung an.	2
h	Ich höre eine Verbraucher-Informationssendung im Radio.	3
i	In einem Vortrag sehe ich Folien zum Thema Lebensmittelverderb.	3
j	Ich höre mir einen Vortrag auf einer Fachtagung an.	3 ~~2~~
k	Ich schreibe mir zu lernende hauswirtschaftliche Fachausdrücke auf.	2
l	Ich schaue mir bei einer Messe hauswirtschaftliche Geräte an.	3
m	Ich lese mir einen Text im Schulbuch durch.	2
n	Eine Auszubildende trägt das Ergebnis ihrer Arbeit vor.	2
o	Ich erstelle verschiedene Teige und beobachte dabei die Wirkung der verschiedenen Triebmittel.	3
p	Ich höre im Radio eine Reportage über ein aktuelles Thema.	3
r	Ich schaue mir eine aid-Broschüre zu einem Fachthema an.	2
s	Ich schreibe mir zu einem Text das Wichtigste heraus.	3

Addieren Sie nun die oben eingetragenen Ziffern in folgender Zusammensetzung:

1. b + e + h + j + n + p
2. d + f + i + l + m + r
3. a + c + g + k + o + s

Wo erreichen Sie die höchste Punktzahl?

Wenn

- bei 1., dann sind Sie wahrscheinlich der Lerntyp Hören
- bei 2., dann sind Sie wahrscheinlich der Lerntyp Sehen
- bei 3., dann sind Sie wahrscheinlich der Lerntyp Handeln

Mit diesem Test können Sie Ihren Schwerpunkt herausfinden. Dies bedeutet aber nicht, dass Sie sich in Zukunft ausschließlich auf diesen einen Lernkanal konzentrieren.
Wenn Sie der Typ „Handeln" sind, kommen Sie trotzdem nicht darum herum, Texte zu lesen. Sie werden sich jedoch die Texte immer so erarbeiten, dass Sie beim Lesen gleich immer eine „Übersetzung" suchen.

- Was bedeutet das für mein Handeln?
- Was muss ich tun, damit ich das Gelesene in die Praxis umsetzen kann?

3.1.4 Lerntheorien

Das Modell der vollständigen Handlung mit seinen Phasen „informieren", „planen", „entscheiden", „durchführen", „kontrollieren" und „bewerten" (siehe S. 94) entwickelte sich in den 80-er Jahren des letzten Jahrhunderts. Zuvor war die beherrschende Ausbildungsmethode die Vier-Stufen-Methode mit den vier Schritten

- Vorbereiten durch die Ausbilderin
- Vormachen durch die Ausbilderin
- Nachmachen durch die Auszubildende
- Üben durch die Auszubildende

Die zwei Modelle beruhen auf zwei Lerntheorien:

- die Vier-Stufen-Methode auf der Theorie des Behaviorismus
- das Modell der vollständigen Handlung auf der Theorie des Konstruktivismus.

Behaviorismus

Der Behaviorismus setzt sich mit dem Verhalten von Menschen und Tieren auseinander (behavior, engl.: Verhalten).
Der russische Verhaltensforscher Ivan P. Pawlow (1849-1936) stellte bei Versuchshunden fest, dass diese auf einen bestimmten Reiz mit einer bestimmten Reaktion antworteten. Immer wenn er ihnen Futter gab - was bei den Hunden einen Speichelfluss auslöste - erklang im Labor ein Glockenschlag. Nach mehrfachen Durchgängen ließ er das Futter weg und ließ nur den Glockenschlag ertönen: Die Hunde bildeten jetzt nur aufgrund des erkannten Glockenschlages Speichel.

Dieses Modell der klassischen Konditionierung überträgt der Psychologe B. Frederic Skinner in den 50er Jahren des letzten Jahrhunderts auf das menschliche Verhalten und stellt die Theorie auf, dass der Mensch eine Verhaltensänderung - und somit das Lernen - nicht aus sich heraus veranlasst, sondern aufgrund einer Reaktion seiner Umwelt.

- Durch positive Reaktionen (Lob) wird der Mensch gestärkt. Konsequenz: er legt vermehrt dasselbe Verhalten an den Tag.
- Durch neutrale Reaktionen (Nichtbeachten) erhält der Mensch keinen Impuls. Konsequenz: er ist nicht motiviert, dasselbe Verhalten wieder zu zeigen.
- Durch negative Reaktionen (Bestrafung) lernt der Mensch, dass das Verhalten nicht gewollt ist.

Übertragen auf Lernprozesse bedeutet dies für den Lehrenden, die Lernschritte klein zu halten, sie quasi in „Lernstoffatome" zu unterteilen. So kann der Lehrende auf die einzelnen Schritte reagieren, d.h. er kann das Gelernte prüfen und mit + oder - oder 0 bewerten. Weitere Differenzierungen zeigen sich in Noten von 1 bis 6 oder Punkten von 1 bis 20.
Im Behaviorismus ist der Lernprozess „programmiert". Der Lehrende baut ein Programm auf, das der Lernende Schritt für Schritt abarbeitet.

Schematische Darstellung des Programmierten Lernens

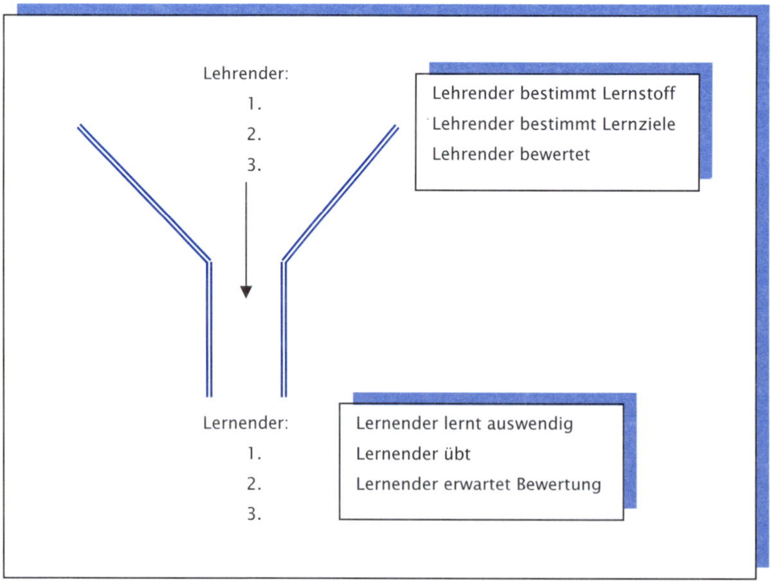
Lehrender:
1.
2.
3.
Lehrender bestimmt Lernstoff
Lehrender bestimmt Lernziele
Lehrender bewertet
Lernender:
1.
2.
3.
Lernender lernt auswendig
Lernender übt
Lernender erwartet Bewertung

1969 war in der „Rationellen Hauswirtschaft", die damals im 5. Jahrgang erschien, zu lesen:

- „Für die Unterweisung muss immer zunächst ein Arbeitsvorgang gewählt werden, z. B. „Taschentücher bügeln", „einfache Naht nähen", „Fäden an Bohnen entfernen". Daran schließt sich dann als zweite Unterweisung: „Taschentücher zusammenlegen", „Doppelnaht nähen", „Bohnen schnibbeln". Falsch ist es, in einer Unterweisung mehrere Vorgänge zusammenzufassen, zu „Wäsche bügeln und zusammenlegen". Die Merkfähigkeit wird dabei überfordert, es entsteht unnötige Unsicherheit, Angst vor Misslingen. Das schrittweise Vorgehen ist der beste Weg zum Lernerfolg. Der Betrieb, der seine Mitarbeiter beim Lernen sich selbst überlässt, sodass sie durch Zusehen und Probieren ohne richtige Anleitung mühsam in ihre Arbeit hineinkommen, vergeudet nicht nur sinnlos Material, Zeit und Geld, sondern schädigt auch den Einzelnen in unverantwortlicher Weise, indem er ihm den Weg zur vollen beruflichen Leistung fahrlässig versperrt."

Diese Unterweisungsmethode geht einher mit einem starken Kontrollmechanismus, den der Lehrende auf den Lernenden ausübt. Die Methode fördert bei der Auszubildenden verrichtungsorientiertes Denken, Auswendiglernen und Üben, ohne dass sie komplexe Zusammenhänge erkennen kann.
Für das Ausbildungsziel berufliche Handlungskompetenz und Selbstständigkeit ist die Methode nicht geeignet.

Konstruktivismus

Der Konstruktivismus wurde in den 80er und 90er Jahren des letzten Jahrhunderts in den USA entwickelt. Dieses didaktische Modell beschäftigt sich mit der Frage:

- Wie gelangt der Lernende vom Wissen und Können zum komplexen Handeln?

Das Modell geht davon aus, dass das, was gelernt wird, individuell im Kopf aufgrund von eigener Vorerfahrung konstruiert wird. Erfahrungen werden miteinander verknüpft, werden zu Wissen und sind somit die individuell konstruierte Wahrheit des einzelnen Menschen.

Die Ausbilderin gibt ihre Sicht von Erfahrung und Wissen weiter; die Auszubildende konstruiert daraus mit ihrer Vorerfahrung ihre Wirklichkeit.
Welches Wissen und Können der Lernende miteinander verknüpfen kann, entscheidet seine Individualität.
Da aber der Lernende nicht allein lernt, sondern in ein soziales Gefüge eingebunden ist, erhält der Vorgang des Verknüpfens weitere Impulse aus der Gruppe und aus seinem sozialen Umfeld.
Der Lehr-Lernprozess findet im sozialen Kontext in einer konkreten Situation statt, die eine komplexe Handlung fordert.

Am Beispiel der Aufgabe

- „Gebäck aus Hefeteig herstellen"

wird dies deutlich.

Komplexes Handeln wird möglich,

- wenn die Auszubildende an vorhergehendes Wissen anknüpfen kann, z. B. Erfahrungen mit anderen Teigarten, Gelingen oder Misslingen von eigenen früheren Versuchen mit Hefeteig

- wenn sie sich über die Vorgehensweise bei der Herstellung von Hefeteig selbstständig, über eine Lerngruppe oder bei der Ausbilderin informiert
- wenn sie über Varianten des Hefeteiges, z. B. Pflaumenkuchen, Berliner, Dampfknödel, Brot, Schnecken, selbst entscheiden kann
- wenn die Backwaren für eine bestimmte Zielgruppe gebacken werden, die ihre positive oder negative Kritik äußert
- wenn der Ablauf und das Ergebnis des Backvorgangs zwischen der Ausbilderin und der Auszubildenden reflektiert werden.

Für die Ausbildungssituation im Betrieb bedeutet das, dass die Ausbilderin Lernen möglich machen muss. Sie gestaltet die Rahmenbedingungen des Lernumfeldes und steht der Auszubildenden als Beraterin zur Verfügung.

Der Berufs- und Arbeitspädagoge Rolf Arnold hat dafür den Begriff „Ermöglichungsdidaktik“ geprägt. Dem gegenüber steht die „Erzeugungsdidaktik“, die Form des Lehrens, die die Theorie des Behaviorismus vertritt.

3.1.5 Lerntechniken

Neben Lernmethoden, die komplexes Handeln ermöglichen und im Kapitel „Ausbildungsmethoden“ vorgestellt werden, gibt es Lerntechniken, die das Lernen – hier meist in Einzelarbeit – erleichtern.

Lernen mit Karteikarten

Das Lernen mit Lernkarteien ist eine Technik, die die Auszubildende in aller Regel nicht während ihrer Arbeitszeit im Betrieb anwendet, sondern als Nachbereitung und Vertiefung in Selbstlernphasen außerhalb von Betrieb und Schule.
Die Auszubildende erstellt sich zunächst für einen fest umrissenen Lerninhalt Karteikarten in DIN-A-7- oder DIN-A-6-Größe. Wie viele Karten sie erstellt und wie differenziert sie die Inhalte aufschlüsselt, hängt vom jeweiligen Lernzweck ab. Neben der Textform kann sie für die Karteikarten natürlich auch Bilder oder Symbole wählen.

- Beispiel aus dem Themenbereich Wäschepflege:

Karteikarten für den Lernzweck „Grundlagen beim erstmaligen Einsatz in der Wäscherei“

- Verschiedene Fasern
- Eigenschaften von Fasern
- Zuordnung Kleidungsstücke – Fasern
- Zuordnung Objektwäsche - Fasern
- Pflegesymbole
- Maschinenprogramme
- Hemden bügeln
- Formteile legen
- Personalhygiene
- Ergonomischer Arbeitsplatz

Karteikarten für den Lernzweck „Vorbereitung auf die Abschlussprüfung“

- Fasern und Pflegeeigenschaften
- Reinigungschemie
- Sinner´scher Kreis
- Wäschekreislauf unreine Seite
- Wäschekreislauf reine Seite
- Maschineneinsatz
- Hygiene
- Qualitätsstandards
- Arbeitssicherheit in der Wäscherei
- Kriterien für die Beschaffung von Wäsche
- Berechnung von Kosten für Wäschepflege (Stück- und Kilopreise)
- Kundenwünsche an die Wäsche

Zum Lernen benötigt sie einen Karteikasten mit fünf Fächern.

Die erstellten Karten gibt sie zunächst in das erste Fach. Sie erarbeitet sich täglich die Inhalte dieser Karten. Diejenigen Karten, deren Lernstoff sie beherrscht, wandern in das zweite Fach, alle anderen bleiben im ersten.

Erst wenn das zweite Fach fast voll ist, nimmt sie sich regelmäßig die Karten dieses Faches vor. Wenn sie die Inhalte beherrscht, befördert sie die Karten weiter ins dritte Fach. Stellt sie Lücken fest, gibt sie die Karte wieder in das erste Fach zurück. Dieses bearbeitet sie jedes Mal vorrangig.

Sind die meisten Karten im dritten Fach, verfährt sie wie oben beschrieben, bis alle Karten zum Schluss im fünften Fach abgelegt sind.

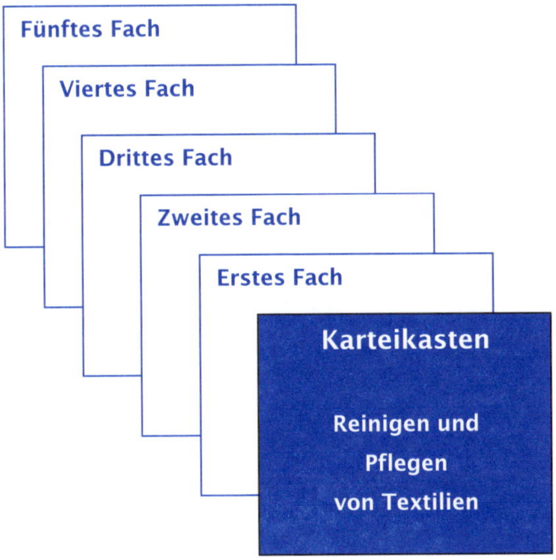

Lernkarteien gibt es auch in elektronischer Form.

Aktives Lesen

Gesund und ökologisch?

ist das ein Gegensatz?

Ob Gesamt- oder Ganztagsschule: Die Frage nach einer zeitgemäßen, gesunden und wirtschaftlich machbaren Verpflegung der Schüler bewegt derzeit Deutschlands Schulen. Viele Eltern und Lehrkräfte geht das nicht weit genug. Sie fordern verstärkt den Einsatz von Bio-Lebensmitteln. *gute Idee!*
Genau hier setzt die bundesweite Info-Kampagne „10 % Bio. Das kann jeder." an, die im Rahmen des Bundesprogramms Ökologischer Landbau vom Bundesministerium für Verbraucherschutz, Ernährung und Landwirtschaft initiiert wurde. Seit Herbst 2004 informiert die Kampagne Ganztagsschulen wie sich Bio-Produkte erfolgreich einsetzen lassen. Denn je früher die Weichen für eine gesunde und nachhaltige Ernährung gestellt werden, umso leichter sind gesundheitliche Folgeerkrankungen durch Fehlernährung zu vermeiden. *Folgekrankheiten nachlesen*
Unter dem Motto „10 % Bio. Das kann jeder." zeigen die Initiatoren Wege für eine kindgerechte, ökologisch sinnvolle und vor allem wirtschaftlich machbare Verpflegung auf. Eckpfeiler der Kampagne sind bundesweit Info-Veranstaltungen, Workshops und ein starkes Netzwerk regionaler Experten. Gleichzeitig bietet die Kampagne die Chance, das Lernfeld Ernährung im Unterricht zu integrieren. Ob ein Besuch beim Bio-Bauern, ein eigener Schulgarten oder das gemeinsame Mittagessen in der Schule – alle Aktionen, die Essen erlebbar machen, motivieren die Schüler zu einer bewussteren Lebensmittelauswahl und zu mehr Esskultur. *könnte ich organisieren!*
Angesichts der Tatsache, dass fast jedes fünfte Kind übergewichtig ist, sind gerade Schulen und Kindertageseinrichtungen gefordert, sich intensiver als bisher mit einer kindgerechten und gesunden Ernährung auseinander zu setzen. Schulverpflegung ist kein Problem, sondern eine einmalige Chance.
„Leider wird die Frage des Mittagessens in den neuen Ganztagsschulen derzeit von vielen Schulträgern und zum Teil auch von Schulleitern als eine reine Organisationsaufgabe bewertet, die vorrangig unter Kostengesichtspunkten gesehen wird", sagt Prof. Dr. Helmut Heseker, Leiter des Arbeitskreises Schule und Ernährung der Deutschen Gesellschaft für Ernährung (DGE). Die moderne Schulverpflegung macht nicht nur satt, sondern ist vollwertig und enthält einen hohen Anteil an Obst und Gemüse. Hier stellt sich schnell die Frage nach dem richtigen Verpflegungssystem, das häufig jedoch von den räumlichen Gegebenheiten abhängt. *5 x am Tag*

- Frischküche/Mischküche: Vor- und Zubereitung vor Ort.
- Warmverpflegung: Warmanlieferung in Thermophoren.
- Cook & Chill: Die Speisen werden in einer externen Zentralküche unmittelbar nach dem Garen auf 0 – 3 °C heruntergekühlt. Regenerieren vor Ort. *was heißt regenerieren?*
- Tiefkühlsystem: Belieferung mit Tiefkühlspeisen in Einzel- oder Mehrportionen-Schalen, Regenerieren vor Ort.

Im Idealfall wird das Essen vor Ort in der Schule zubereitet. Für Ganztagsschulen mit Platz- und Geldmangel bleibt hingegen oft nur die Anlieferung von tiefgefrorenem, gekühltem oder warmem Essen.

Textnachweis: Infodienst 1/05 des Berufsverband Hauswirtschaft

Das ist eine tolle Idee für ein Projekt. Ich könnte mit unseren Jugendlichen zu Schulte auf den Bauernhof fahren .Vielleicht haben die ja Lust.

So vertiefen Sie das Thema:

Den Text „Gesund und ökologisch?“ hat eine Auszubildende aktiv gelesen.
Leiten Sie daraus Kriterien für aktives Lesen ab. Hinweise zum aktiven Lesen finden Sie auch im Kapitel „Textarbeit mit Leitfragen“ S. 118

Berichte und Aufsätze schreiben

Wenn Auszubildende einen Sachverhalt mit eigenen Worten wiedergeben, können Sie feststellen, ob sie das Erlernte verstanden haben.

Vorgehensweise beim Schreiben eines Sachberichtes:

- Ideen zum Thema entwickeln, z. B. mit einer Mindmap (s. S. 117)
- Informationen zum Thema sammeln und ordnen, z. B. in einem Karteikasten
- Wichtige Fakten nummerieren und in eine logische Reihenfolge bringen
- Gliederung für den Bericht erstellen:
  Einleitung: Ein bis zwei Sätze, die zum Thema führen
  Hauptteil: Fakten in logischer Reihenfolge nennen, mit Beispielen versehen, Vor- und Nachteile benennen und diskutieren
  Schluss: ein bis zwei Sätze, die das Thema noch einmal zusammenfassen
- Bericht schreiben
- Bericht kontrollieren (Inhalt und Rechtschreibung)

Collagen oder Wandzeitungen erstellen

Hier setzen sich die Auszubildenden nicht mit einem geschriebenen Text, sondern anhand von Bildern mit einem Thema auseinander.

Vorbereitung durch die Ausbilderin:

- Bildmaterial in reichlicher Zahl zur Verfügung stellen, damit die Auszubildenden eine gute Auswahl haben
- Fotokarton oder Paketpapier zum Bekleben bereitstellen
- Schere und Klebstoff bereitstellen

Lerninhalte und Ziele gemeinsam festlegen, z. B.
Lerninhalt: Grundregeln des Eindeckens
Feinziele: Die Auszubildende kennt Tischwäsche, Geschirr, Besteck und Gläser und kann sie richtig anordnen.

Anschließend findet eine gemeinsame Reflexion über die Lerninhalte statt.

Lerntagebuch führen

Ein Lerntagebuch können Auszubildende z. B.

- über die drei Jahre der Ausbildung
- oder über einen bestimmten zeitlichen Lernabschnitt
- oder über die Dauer eines Projektes
- oder als Begleitung bei Prüfungsvorbereitungen

führen. So individuell ein Tagebuch ist, so lässt auch die Lerntagebuchführung viele Wege offen.

Grundsätzlich sollte die Auszubildende zuerst festlegen,

- ob sie das Lerntagebuch ausschließlich für sich allein schreibt
- oder ob sie mit anderen Auszubildenden darüber diskutieren will
- oder auch mit der Ausbilderin.

Sie legt auch selbst fest, wie häufig und wie umfangreich sie ihr Lerntagebuch führt.

Hier einige Beispiele, was die Auszubildende in ihr Lerntagebuch schreiben kann:

- Was habe ich Neues gelernt, erlebt, erfahren?
- Auf welche anderen Inhalte konnte ich schon zurückgreifen und mit dem Neuen verknüpfen?
- Welche Zusammenhänge sind mir klar geworden?
- Welche Informationen möchte/brauche ich noch zu diesem Thema?
- Welche besonderen Schwierigkeiten habe ich gelöst?
- Welche Erfolgserlebnisse hatte ich?
- Welche Ziele setze ich mir?
- Wenn ich lustlos und unmotiviert war: was war der Grund?
  Habe ich eine Idee, wie ich da wieder herauskomme?
- Welche Probleme habe ich mit meiner Ausbilderin, anderen Auszubildenden, Kollegen oder Kunden? Wie kann ich sie angehen? Wo könnte ich Hilfe bekommen?

So vertiefen Sie das Thema:

Führen Sie zunächst für sich selbst ein Lerntagebuch, bevor Sie Auszubildende dazu ermuntern.

Lernen und Ernährung

Das Sprichwort „Essen und Trinken hält Leib und Seele zusammen" betrifft ganz besonders auch den lernenden Menschen.
Ein fehlendes Mittagessen am Ausbildungsplatz, nicht genügend frische Zwischenmahlzeiten und fehlende Flüssigkeit führen dazu, dass der Kreislauf und das Gehirn nicht gleichmäßig mit notwendigen Nährstoffen versorgt werden. Die Beförderung vom Kurzzeit- ins Langzeitgedächtnis wird erschwert.
Ein Zuviel zieht ein anderes Sprichwort nach sich: „Ein voller Bauch studiert nicht gern." Es gilt also, das richtige Maß zu finden.
Auch wenn hauswirtschaftliche Auszubildende ausführlich die Grundsätze für eine gesunde Ernährung vom Produkteinsatz über das Garen bis zum Verzehr erlernen, seien an dieser Stelle die „10 Regeln für das vollwertige Essen und Trinken" der Deutschen Gesellschaft für Ernährung (DGE) genannt.

1. **Vielseitig essen**
   Genießen Sie die Lebensmittelvielfalt. Merkmale einer ausgewogenen Ernährung sind abwechslungsreiche Auswahl, geeignete Kombination und angemessene Menge nährstoffreicher und energiearmer Lebensmittel.

2. **Reichlich Getreideprodukte – und Kartoffeln**
   Brot, Nudeln, Reis, Getreideflocken, am besten aus Vollkorn, sowie Kartoffeln enthalten kaum Fett, aber reichlich Vitamine, Mineralstoffe sowie Ballaststoffe und sekundäre Pflanzenstoffe. Verzehren Sie diese Lebensmittel mit möglichst fettarmen Zutaten.

3. **Gemüse und Obst – Nimm „5" am Tag** ...
   Genießen Sie 5 Portionen Gemüse und Obst am Tag, möglichst frisch, nur kurz gegart, oder auch 1 Portion als Saft – idealerweise zu jeder Hauptmahlzeit und auch als Zwischenmahlzeit: Damit werden Sie reichlich mit Vitaminen, Mineralstoffen sowie Ballaststoffen und sekundären Pflanzenstoffen (z. B. Carotinoiden, Flavonoiden) versorgt. Das Beste, was Sie für Ihre Gesundheit tun können.

4. **Täglich Milch und Milchprodukte; ein- bis zweimal in der Woche Fisch; Fleisch, Wurstwaren sowie Eier in Maßen.**
   Diese Lebensmittel enthalten wertvolle Nährstoffe, wie z.B. Calcium in Milch, Jod, Selen und Omega-3-Fettsäuren in Seefisch. Fleisch ist Lieferant von Mineralstoffen und Vitaminen (B1, B6 und B12). Mehr als 300 – 600 g Fleisch und Wurst pro Woche sollten es nicht sein. Bevorzugen Sie fettarme Produkte, vor allem bei Fleischerzeugnissen und Milchprodukten.

5. **Wenig Fett und fettreiche Lebensmittel**
   Fett liefert lebensnotwendige (essenzielle) Fettsäuren, und fetthaltige Lebensmittel enthalten auch fettlösliche Vitamine. Fett ist besonders energiereich, daher kann zu viel Nahrungsfett Übergewicht fördern. Zu viele gesättigte Fettsäuren erhöhen das Risiko für Fettstoffwechselstörungen, mit der möglichen Folge von Herz-Kreislauf-Krankheiten. Bevorzugen Sie pflanzliche Öle und Fette (z.B. Raps- und Sojaöl und daraus hergestellte Streichfette). Achten Sie auf unsichtbares Fett, das in Fleischerzeugnissen, Milchprodukten, Gebäck und Süßwaren sowie in Fast-Food- und Fertigprodukten meist enthalten ist. Insgesamt 60 – 80 Gramm Fett pro Tag reichen aus.

6. **Zucker und Salz in Maßen**
   Verzehren Sie Zucker und Lebensmittel, bzw. Getränke, die mit verschiedenen Zuckerarten (z.B. Glucosesirup) hergestellt wurden, nur gelegentlich. Würzen Sie kreativ mit Kräutern und Gewürzen und wenig Salz. Verwenden Sie Salz mit Jod und Fluorid.

7. **Reichlich Flüssigkeit**
   Wasser ist absolut lebensnotwendig. Trinken Sie rund 1,5 Liter Flüssigkeit jeden Tag. Bevorzugen Sie Wasser - ohne oder mit Kohlensäure - und andere kalorienarme Getränke. Alkoholische Getränke sollten nur gelegentlich und nur in kleinen Mengen konsumiert werden.

8. **Schmackhaft und schonend zubereiten**
   Garen Sie die jeweiligen Speisen bei möglichst niedrigen Temperaturen, soweit es geht kurz, mit wenig Wasser und wenig Fett - das erhält den natürlichen Geschmack, schont die Nährstoffe und verhindert die Bildung schädlicher Verbindungen.

9. **Sich Zeit nehmen und genießen**
   Bewusstes Essen hilft, richtig zu essen. Auch das Auge isst mit. Lassen Sie sich Zeit beim Essen. Das macht Spaß, regt an vielseitig zuzugreifen und fördert das Sättigungsempfinden.

10. **Auf das Gewicht achten und in Bewegung bleiben**
    Ausgewogene Ernährung, viel körperliche Bewegung und Sport (30 bis 60 Minuten pro Tag) gehören zusammen. Mit dem richtigen Körpergewicht fühlen Sie sich wohl und fördern Ihre Gesundheit.

Copyright: Deutsche Gesellschaft für Ernährung e. V., Bonn

Lernen und Bewegung

Auch wenn eine hauswirtschaftliche Auszubildende weitaus mehr Bewegung im Alltag hat als z.B. eine angehende Bürokauffrau, so muss sie doch auf lernfördernde Bewegung achten. Besonders in schreibtischintensiven Prüfungsvorbereitungen spielt die Bewegung für die Lernfähigkeit eine große Rolle.

20 % unseres Sauerstoffverbrauchs werden vom Gehirn angefordert.

- Bewegung fördert die Sauerstoffaufnahme
- Sauerstoffaufnahme fördert die Durchblutung des Körpers und des Gehirns
- Mit guter Sauerstoffversorgung steigt die Lernfähigkeit

Lernen ist auch immer von der emotionalen Verfassung abhängig.

- Bewegung verbessert die Stimmung
- Verbesserte Stimmung unterstützt die Lust am Lernen

Jeder, der schon einmal verbissen stundenlang über Büchern gesessen hat, weiß, dass die Aufnahmefähigkeit und die Lust am Lernen steigt, wenn er eine Pause einlegt, spazieren geht, joggt, radelt, walkt oder Inliner fährt. Pausen, zumal Bewegungspausen sind gut investierte Zeit. Wichtig ist dabei, dass jeder für sich eine Ausdauersportart findet, die ihm Spaß macht.

3.1.6 Lernmotivation

Das Wort „Motivation“ hat seinen sprachlichen Ursprung im Lateinischen. Dort heißt „movere“ „bewegen“. Bei der Motivation von Auszubildenden geht es also um die Frage:

- Was muss getan werden, damit sich Auszubildende (auf ein Ziel hin) „bewegen“?

oder konkreter

- Wie muss die Gestaltung der Ausbildung aussehen, damit Auszubildende sich engagiert für ihre Lernziele und für das Unternehmen einsetzen?

Es gibt zahlreiche Motivationstheorien. Theorien arbeiten mit Modellen, die komplizierte Sachverhalte vereinfacht darstellen. Hier werden zunächst drei der Motivationstheorien vorgestellt.

Bedürfnistheorie von Maslow

Der amerikanische Psychologe Abraham Maslow etablierte schon im Jahr 1943 die sog. Bedürfnispyramide. Demnach ist jeder Mensch bestrebt, seine Bedürfnisse zu erfüllen, wobei die Bedürfnisarten in fünf Stufen hierarchisch aufgebaut sind:

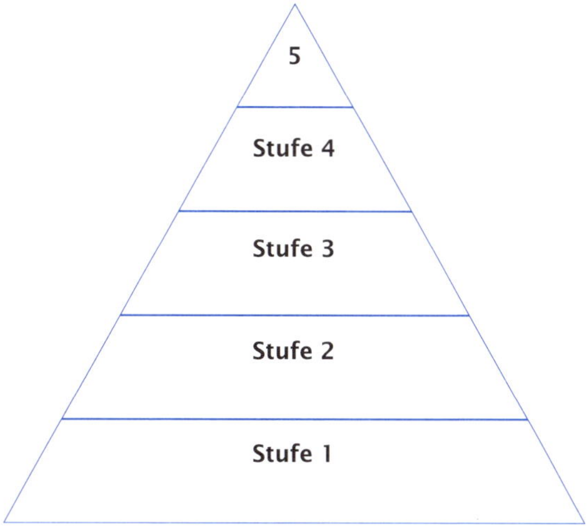

Stufe 1:	Physiologische Bedürfnisse, z. B. Nahrung, Kleidung, Wohnung
Stufe 2:	Sicherheitsbedürfnisse, z. B. sicherer Arbeitsplatz, Gesundheit
Stufe 3:	Soziale Bedürfnisse, z. B. Familie, Integration am Arbeitsplatz
Stufe 4:	Wertschätzungsbedürfnisse, z. B. Respekt, Selbstachtung
Stufe 5:	Bedürfnisse nach Selbstverwirklichung, z. B. berufliche Karriere, Hobby

Die Stufen 1 bis 4 zählen zu den „Defizitbedürfnissen“: Der Mensch ist motiviert, ein Defizit in diesen Stufen auszugleichen. Hat er dies geschafft, wirken die Bedürfnisse der jeweiligen Stufe nicht mehr (sehr) motivierend.

Wenn die physiologischen Bedürfnisse gedeckt sind, wenn also z. B. die Auszubildenden ihre regelmäßige Ausbildungsvergütung beziehen, mit der sie die Kosten für Essen, Trinken und Kleidung decken können, wirkt die Bedürfnisbefriedigung dieser Stufe nicht mehr (sehr) motivierend.
Wenn die Sicherheitsbedürfnisse gedeckt sind, wenn also z.B. Jugendliche einen Ausbildungsplatz haben, gesund sind, unfall-, renten- und krankenversichert sind, hat auch diese Bedürfnisstufe (fast) keine Motivationskraft mehr. Dasselbe gilt für die Stufen 3 und 4.

Die Bedürfnisse der Stufe 5 sind dagegen „Wachstumsbedürfnisse“. Lassen sich die Stufen 1 bis 4 theoretisch hundertprozentig erfüllen, so sind die Selbstverwirklichungsbedürfnisse unendlich, d.h. sie können nie vollständig erfüllt werden. Sie motivieren den Menschen, sich weiterzuentwickeln.

So vertiefen Sie das Thema:

Welche Bedürfnisse sind bei Ihnen selbst zur Zeit erfüllt, welche sind nicht befriedigt?
Welche Selbstverwirklichungsbedürfnisse motivieren Sie bei Ihrer Arbeit?

Motivationsmodell von Herzberg

Der amerikanische Psychologe und Arbeitswissenschaftler Frederick Herzberg geht in seinem Modell von zwei Faktoren aus, die die Motivation im Arbeitsleben beeinflussen:

- Hygienefaktoren (disatisfiers) und
- Motivatoren (satisfiers)

Er leitete diese Faktoren im Jahre 1959 aus Interviews mit Angestellten und Arbeitern ab, die er danach befragt hatte,

- was sie bei der Arbeit besonders unzufrieden macht und
- was sie bei der Arbeit besonders zufrieden macht.

Die Aspekte, die besonders unzufrieden machten, nannte er die „disatisfiers“ (Hygienefaktoren). Dazu zählen z. B.

- die Personalpolitik und Verwaltung
- der Führungsstil und die fachliche Kompetenz der Führungskräfte
- das Arbeitsklima
- die Arbeitsbedingungen
- der eigene Status
- der sichere Arbeitsplatz.

Herzbergs These: Wenn die Hygienefaktoren im Sinne der Mitarbeiter erfüllt sind, sind die Mitarbeiter zwar nicht unzufrieden, aber die Hygienefaktoren haben keine Motivationskraft.

Hygienefaktoren sind erfüllt
Mitarbeiter sind **nicht un**zufrieden, aber Motivationskraft fehlt

Die Aspekte, die besonders zufrieden machten, nannte er „satisfier" (Motivatoren). Dazu zählen z. B.

- das Erfolgsgefühl, das durch die erbrachte Leistung entsteht
- die Anerkennung, die für die erbrachte Leistung gezeigt wird
- die Arbeit selbst
- der Umfang des eigenen Verantwortungsbereiches
- die Aufstiegsmöglichkeiten
- die Persönlichkeitsentfaltung.

Herzbergs These: Wenn die Motivatoren im Sinne der Mitarbeiter erfüllt sind, sind die Mitarbeiter zufrieden, diese Faktoren haben eine hohe Motivationskraft.

Motivatoren sind erfüllt
Mitarbeiter sind zufrieden und motiviert

Die Entlohnung kann beiden Faktoren zugerechnet werden:

- kurzfristig kann sie motivieren
- langfristig ist sie eher ein Hygienefaktor.

Motivationstheorie von Sprenger

Der Philosoph und Managementberater Reinhard K. Sprenger stellt die These auf, dass Mitarbeiter nicht motiviert werden können, sondern die Motivation nur aus dem Mitarbeiter selbst kommen kann.
Sprenger sagt: Der Versuch, Menschen von außen zu motivieren (extrinsische Motivation), schlägt fehl, die Motivation muss von innen kommen (intrinsische Motivation).
Die extrinsische Motivation nennt er „Motivierung" und setzt sie mit „Manipulierung" gleich. Allein die intrinsische Motivation nennt er „Motivation" und bezeichnet sie als „Eigensteuerung".

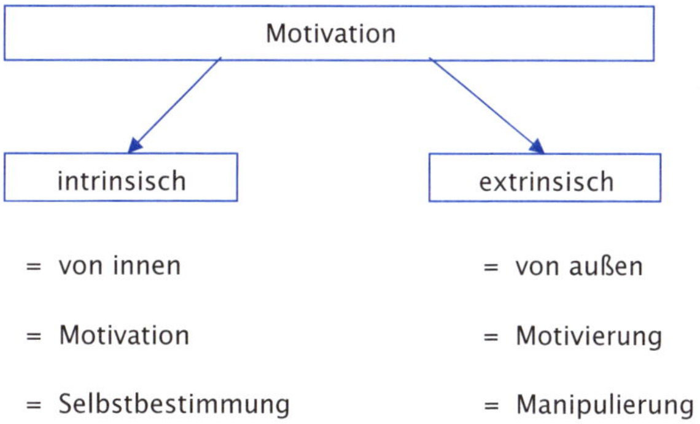
Motivation
intrinsisch
extrinsisch
= von innen
= Motivation
= Selbstbestimmung
= von außen
= Motivierung
= Manipulierung

Als ein Beispiel, wie über extrinsische Motivierung manipuliert wird und die vermeintliche Motivation zur Demotivation wird, sei hier ein Zitat aus „Mythos Motivation" wiedergegeben:

> Ein alter Mann wurde täglich von den Nachbarskindern gehänselt und beschimpft. Eines Tages griff er zu einer List. Er bot den Kindern einen Euro an, wenn sie am nächsten Tag wiederkämen und ihre Beschimpfungen wiederholten. Die Kinder kamen, ärgerten ihn und holten sich dafür einen Euro ab. Und wieder versprach der alte Mann: „Wenn Ihr morgen wiederkommt, dann gebe ich euch 50 Cent." Und wieder kamen die Kinder und beschimpften ihn gegen Bezahlung. Als der alte Mann sie aufforderte, ihn auch am nächsten Tag, diesmal allerdings gegen 20 Cent, zu ärgern, empörten sich die Kinder: Für so wenig Geld wollten sie ihn nicht beschimpfen. Von da an hatte der alte Mann seine Ruhe.
>
> Der amerikanische Sozialpsychologe Alfie Kohn, von dem dieses Beispiel stammt, bestätigt damit eine ganze Reihe neuester psychologischer Studien, die ein fundamentales Lerngesetz zu widerlegen scheinen: Belohnung ist *nicht* das beste Mittel zur Leistungssteigerung. In unserem Beispiel waren die Kinder anfangs intrinsisch motiviert, den alten Mann zu ärgern. Später ärgerten sie ihn nur noch, weil es eine Belohnung dafür gab - ihre intrinsische Motivation wurde durch die Motivierung zerstört; sie wandelte sich in eine extrinsische. Und der Reiz, die Spannung, die Neugier waren verschwunden."
> *Sprenger: Mythos Motivation, 18. Auflage 2007, S. 71*

Sprenger erklärt Motivation aus dem Lateinischen „in movitum ire", was so viel heißt wie: „in das einsteigen, was mich bewegt". Damit Auszubildende in das einsteigen können, was sie bewegt, kann man nach Sprenger folgende Vorschläge ableiten:

- Auszubildende fordern
- Von Auszubildenden einfordern, dass sie Verantwortung übernehmen
- Leistungen und Ziele mit Auszubildenden vereinbaren, überwachen und reflektieren
- Auszubildenden Entscheidungsfreiheit gewähren
- Auszubildenden Fähigkeiten zutrauen
- Demotivation vermeiden

So vertiefen Sie das Thema:

Was bewirkt bei Ihnen selbst die extrinsische und was die intrinsische Motivation?
Was motiviert Sie, sich berufs- und arbeitspädagogische Kenntnisse anzueignen? Sind es eher intrinsische oder extrinsische Motive?

Lernumgebung und Lernkultur

Die Motivationstheorien weisen darauf hin, dass die Gestaltung der Arbeitsumgebung und die im Betrieb herrschende Lernkultur die intrinsische Motivation der Auszubildenden fördern kann.

Dazu gehören:

- Bereitstellung von Arbeitsmitteln und notwendigen Medien
- Bereitstellung von Räumen, in denen Auszubildende ungestört lernen können
- Gewährung von zeitlichen Freiräumen, in denen Auszubildende selbst gesteuert lernen können
- Verantwortung und Entscheidungsspielräume
- Gleichbehandlung
- Beteiligung der Auszubildenden an Qualitätszirkeln
- Lob, Anerkennung und Aufmerksamkeit
- Aufgabenvielfalt
- Achtung der Auszubildenden als zukünftige Fachkraft
- Stellenwert der Ausbildung im Betrieb
- Verlässlichkeit der Ausbilderin, für die Auszubildenden präsent zu sein
- Vorbilder im Betrieb
- Vermeidung von Demotivation

Das kann Auszubildende demotivieren:

- Zeitmangel des Ausbilderin
- Führungsschwäche der Ausbilderin
- Monotones Arbeiten
- Fehlender Methodenwechsel
- Überforderung und/oder Unterforderung
- Schlechte Kommunikation im Team
- Bevormundung
- Permanent ausbildungsferne Aufgaben

Sie können als Ausbilderin für eine gute Lernkultur und Lernumgebung sorgen. Damit unterstützen Sie die Motivation der Auszubildenden, zu lernen. Sie sind als Ausbilderin jedoch nicht dafür verantwortlich, wenn Auszubildende ohne jegliche intrinsische Motivation sich dem Lernen verweigern. „Man kann Pferde zur Tränke führen, saufen müssen sie selber." Dieses Zitat, das dem früheren Wirtschafts- und Finanzminister Karl Schiller (1911-1994) zugeschrieben wird, gilt auch für die Ausbildung.

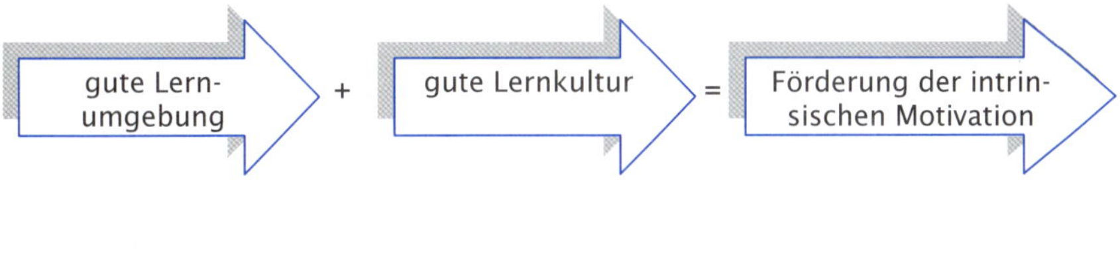

3.1.7 Die Ausbilderin als Lernbegleiterin

Aus den Motivationstheorien, aus den Forderungen nach einer lernfördernden Arbeitsumgebung und nach einer motivierenden Lernkultur lässt sich ableiten, dass Ausbilderinnen heute nicht mehr „Anweiser“ und „Unterweiser“ sind, sondern Lernbegleiterin - auch Lern-Coach oder Lernberaterin genannt.

Im Ausbildungsrahmenplan ist festgeschrieben, dass die Fertigkeiten und Kenntnisse, die für den Beruf Hauswirtschafter/in notwendig sind, „unter Einbeziehung selbstständigen Planens, Durchführens und Kontrollierens zu vermitteln sind“.
Das BBiG fordert im § 1 Abs. 3: „Die Berufsausbildung hat die für die Ausübung einer qualifizierten beruflichen Tätigkeit in einer sich wandelnden Arbeitswelt notwendigen beruflichen Fertigkeiten, Kenntnisse und Fähigkeiten (berufliche Handlungsfähigkeit) in einem geordneten Ausbildungsgang zu vermitteln (...).“

Selbstverständlich machen Sie als Ausbilderin noch Vorgaben, z. B.
- im betrieblichen Ausbildungsplan
- im Einsatzplan
- bei der Auswahl von Lerninhalten und Lernaufträgen
- bei der Definition von Lernzielen.

Viele Ausbildungselemente haben aber eher den Charakter eines Angebotes:
- Angebot von abwechselnden Lernmethoden
- Angebot, als Ansprechpartner zur Verfügung zu stehen
- Angebot, die Auszubildenden bei Schwierigkeiten zu unterstützen
- Angebot von Fachliteratur und anderen Informationsquellen

Zu einer zielgerichteten Lernbegleitung gehört als unverzichtbares Element das ständige Feedback. Es ist für die Auszubildenden ein Gradmesser, mit dem sie sich selbst und ihre Lernerfolge besser einschätzen können.
Ein Feedback setzt voraus, dass Sie die Auszubildenden begleiten und beobachten. Am Ende einer Ausbildungssituation oder bei komplexen Aufgaben auch innerhalb einer Ausbildungssituation geben Sie den Auszubildenden Rückmeldung.

Ein Feedback kann
- eine einminütige Rückmeldung zur Gestaltung eines Kaffeetisches sein
- ein zwanzigminütiges Abschlussgespräch nach der Durchführung eines Projektes „Grundreinigung des Speisesaals“ oder
- ein einstündiges Beurteilungsgespräch nach Abschluss des ersten Ausbildungsjahrs.

Beim Feedback fordern Sie zunächst immer die Selbsteinschätzung der Auszubildenden ein und geben anschließend in sachlicher Form Ihre Einschätzung ab. Dabei ist wichtig, dass nicht nur das Ergebnis, sondern auch der Weg zu diesem Ergebnis beurteilt wird.

Mehr zu diesem Thema lesen Sie im Kapitel „Handlungskompetenz“, s. S. 93.

3.2 Einführung und Probezeit

Mit einem gut geplanten Einführungstag heißen Sie die Auszubildende im Betrieb willkommen. Die Auszubildende soll an diesem Tag

- Berührungsängste abbauen
- einen ersten Eindruck von der Arbeits- und Lernatmosphäre erhalten
- die hauswirtschaftliche Abteilung und je nach Größe und Organisation des Betriebes auch andere Abteilungen kennen lernen
- die Mitarbeiter und weitere Auszubildende - auch aus anderen Ausbildungsberufen - kennen lernen
- die Kunden, für die der Betrieb tätig ist, kennen lernen
- sich einen Überblick verschaffen können über die Einsatzorte während der Probezeit
- ihre Rechte und Pflichten kennen lernen

Manche Betriebe überreichen ihren neuen Mitarbeitern eine Begrüßungsmappe. (siehe Handlungsfeld 5 „Mitarbeiterführung und Zusammenarbeit im Betrieb") Diese kann auch auf die Anforderungen an die Begrüßung einer Auszubildenden angepasst werden.

Die Probezeit, die lt. § 20 BBiG mindestens einen Monat, höchstens vier Monate dauert, bietet beiden Seiten die Gelegenheit festzustellen, ob die Auszubildende für den Beruf Hauswirtschafterin geeignet ist.

- Setzen Sie sie in der Probezeit in allen hauswirtschaftlichen Bereichen ein, damit sie die Vielfältigkeit des Berufsbildes kennen lernen und erproben kann.
- Beginnen Sie in den ersten vier bis sechs Wochen mit ein- bis zweiwöchigen Einsätzen an den wichtigsten Lernorten.
- Beenden Sie die Probezeit mit einem Beurteilungsgespräch, in dem Sie weniger die Fachkompetenz, sondern in erster Linie die Methoden-, Lern- und Sozialkompetenzen thematisieren.

So vertiefen Sie das Thema:

Erarbeiten Sie ein auf Ihren Betrieb bezogenes Konzept für den Einführungstag und erstellen Sie eine Begrüßungsmappe für Auszubildende.

3.3 Lernen an realen Arbeits- und Geschäftsprozessen

3.3.1 Arbeits- und Geschäftsprozesse in der Hauswirtschaft

Der Begriff „Geschäftsprozess“ stammt aus dem kaufmännisch-gewerblichen Bereich. In der Hauswirtschaft ist eher der Begriff „Arbeitsprozess“ geläufig.

In Arbeitsprozessen werden die Tätigkeiten und die Reihenfolge der Tätigkeiten beschrieben, die notwendig sind, ein Ziel zu erreichen. Prozesse sind wiederkehrend (im Gegensatz zum Projekt, das einmalig durchgeführt wird) und werden - zumindest für einen bestimmten Zeitraum - in einer festgelegten Art und Weise durchgeführt (Standard).

Arbeitsprozesse in der Hauswirtschaft:
- Verpflegungsprozess
- Reinigungsprozess
- Wäscheversorgungsprozess
- Prozess der Wohnumfeldgestaltung

Diese vier Prozesse lassen sich wiederum in Teilprozesse untergliedern. Für den Verpflegungsprozess können dies z. B. sein:

- Speisenplanung
- Beschaffung
- Lieferung
- Lagerung
- Produktion
- Ausgabe, Service
- Entsorgung
- Spülen
- Reinigung

Bei der Beschreibung der Teilprozesse werden die einzelnen Prozessschritte in eine logische Reihenfolge gebracht (im Flussdiagramm auf der folgenden Seite im Rechteck dargestellt).

Damit Auszubildende die Komplexität von hauswirtschaftlichen Dienstleistungen erfassen können, muss sich das Lernen an den realen Arbeitsprozessen orientieren.

Das Beispiel auf der folgenden Seite zeigt den Teilprozess „Wäschekreislauf der Bewohnerwäsche“ in einer stationären Einrichtung. Zu Beginn der Ausbildung am Arbeitsplatz „Wäscherei“ können sich die Auszubildenden einen Überblick über den Wäschekreislauf

- vom Sammeln der gebrauchten Wäsche
- bis zum Verteilen der sauberen Wäsche

verschaffen.

So erkennen sie den Zusammenhang und lernen gleichzeitig:
- Die Hauswirtschaft hat Schnittstellen zu anderen Abteilungen.
- Die Hauswirtschaft orientiert sich bei den einzelnen Prozessschritten an den Bedürfnissen der Bewohner.
- Das Ergebnis soll immer eine gleich bleibende Qualität haben.

Während der dreijährigen Ausbildungszeit verändern sich Prozesse, z. B.
- weil sich Ansprüche der Kunden ändern
- weil es neue technische Entwicklungen gibt
- weil der Ausbildungsbetrieb andere Schwerpunkte setzt (Änderung des Konzepts).

Diese Erkenntnis ist für Auszubildende am Beginn des Berufslebens enorm wichtig. Sie können sich nicht auf dem einmal erworbenen Lernstoff ausruhen, sondern sind aufgefordert, permanent weiterzulernen.

Flussdiagramm für den Prozess „Wäschekreislauf"

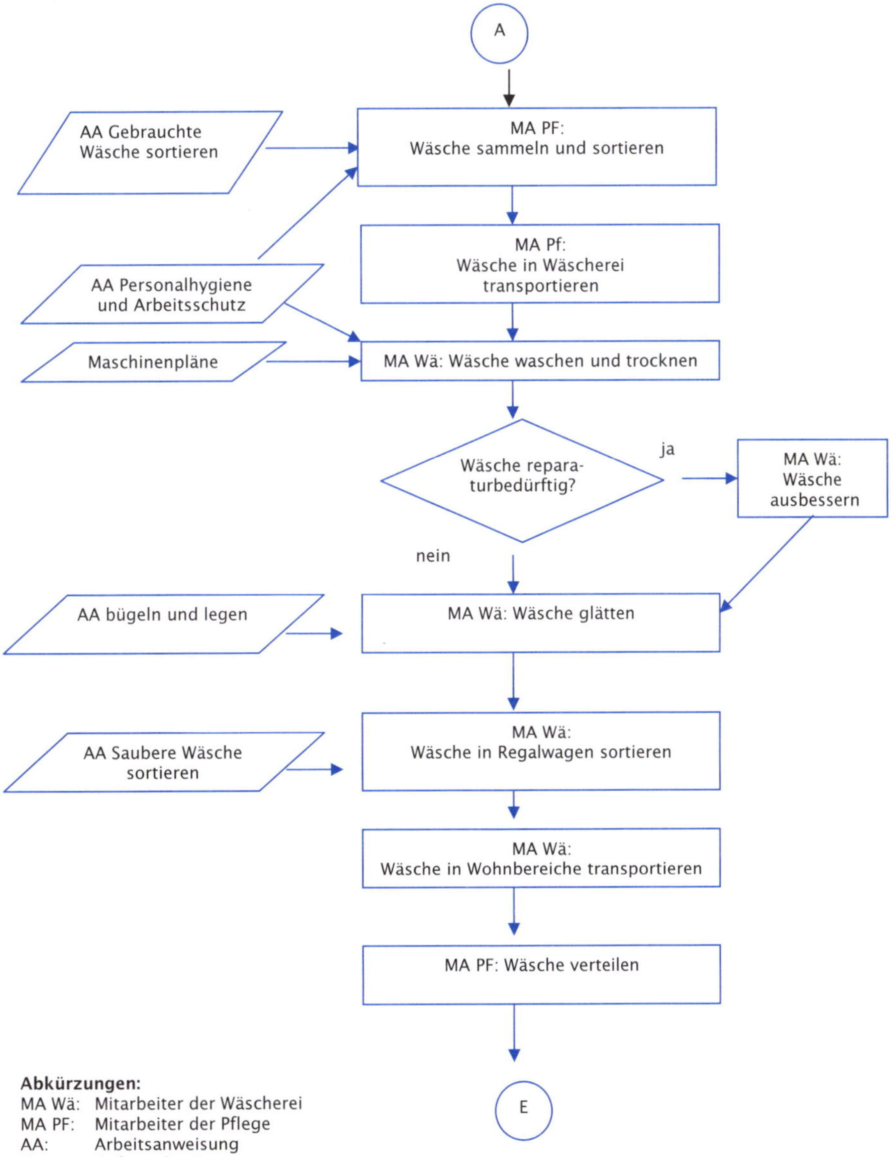

Abkürzungen:
MA Wä: Mitarbeiter der Wäscherei
MA PF: Mitarbeiter der Pflege
AA: Arbeitsanweisung
A: Anfang des Prozesses
E: Ende des Prozesses

3.3.2 Lerninhalte und Lernaufträge

Aus dem betrieblichen Ausbildungsplan entwickeln Sie die Lerninhalte, zu den Lerninhalten formulieren Sie Lernaufträge.

Der Ausbildungsplan aus dem Handlungsfeld 2 (s. S. 47) für das 1. Ausbildungsjahr sieht in der 36. - 38. Woche den Einsatzort „Wohnbereiche und öffentliche Räume" in einem Alten- und Pflegeheim vor.

Lernort	KW	Anleiter	Inhalte /Schwerpunkte		Nachweis	
					erarbeitet	nicht erarbeitet
Wohnbereiche und öffentliche Räume	36 - 38	Frau Kleist	2.4 4.2 4.3 5.3	Bedarf und Ansprüche von zu versorgenden und zu betreuenden Personen Reinigen und Pflegen von Räumen Gestalten von Räumen und des Wohnumfeldes Hilfe leisten bei Alltagsverrichtungen		

Wenn man von den ersten Einführungswochen absieht, in denen die Auszubildende alle Bereiche kennen gelernt hat, arbeitet sie jetzt das erste Mal im Reinigungsdienst. Inhaltlicher Schwerpunkt bildet das „Reinigen und Pflegen von Räumen". Beim handlungsorientierten Lernen mit komplexen Aufgaben lernt sie den Bedarf und Anspruch der Bewohner an die Reinigung kennen, leistet bei einigen Alltagsverrichtungen Hilfe und erfährt, dass zur Lebensqualität der Senioren nicht nur saubere, gepflegte Räume gehören, sondern dass die Räume ansprechend gestaltet sein müssen.

Für diese drei Wochen können Sie daher folgende Lerninhalte und Lernaufträge ableiten.

Lerninhalte	Lernaufträge
〉 Reinigungsorganisation und -zeiten 〉 Reinigungsarten: Unterhalts- und Sichtreinigung 〉 Einsatz von Reinigungschemie 〉 Einsatz von Reinigungstextilien 〉 Reinigungsmethoden für Oberflächen und Fußböden 〉 Pflege der Balkonbepflanzung 〉 Persönliches Erscheinungsbild 〉 Gespräche mit Bewohnern 〉 Handreichungen für Bewohner	〉 Unterhaltsreinigung von Zimmern und öffentlichen Räumen durchführen 〉 Sichtreinigung von Zimmern und öffentlichen Räumen durchführen 〉 Unterhaltsreinigung von Sanitärräumen durchführen 〉 Reinigungswagen auf- und abrüsten 〉 Balkonblumen pflegen

3.3.3 Lernziele

Lernpsychologisch unterscheidet man vier Lernarten:

- kognitives Lernen
- psychomotorisches Lernen
- sozio-integratives Lernen
- affektives (Werte-) Lernen

Lernart	Erläuterung	Beispiele
Kognitives Lernen	Die Auszubildende lernt, indem sie überlegt, nachdenkt, versteht, Schlussfolgerungen zieht und Zusammenhänge erkennt.	Aus einer Belegungsliste kann sie erkennen, welche Zimmer heute zu reinigen sind; aus einer Grundrezeptur kann sie den benötigten Warenkorb für 100 Personen errechnen; aus einer Betriebsanleitung kann sie ableiten, wie ein Gerät bedient wird.
Psychomotorisches Lernen	Die Auszubildende erlangt durch häufiges Anwenden bestimmte manuelle Fähigkeiten.	Auseinanderbauen und Zusammensetzen einer Aufschnittmaschine; die Arbeitsweise an einer Bügelstation; das Herstellen von Gestecken.
Sozio-integratives Lernen	Die Auszubildende lernt, im Team zu arbeiten.	Bei der Planung für die Vermarktung betriebsspezifischer Produkte und Dienstleistungen lassen sich in einer Gruppe weit mehr Ideen und Lösungswege sammeln als in Einzelarbeit.
Affektives Lernen	Die Auszubildende lernt Werte und Normen.	Sie lernt, Bewohner, die an Demenz erkrankt sind, mit ihren Eigenarten zu achten; sie setzt sich für Benachteiligte ein; sie weiß, was die Schweigepflicht für die Intimsphäre im Umgang mit Dritten bedeutet.

Für die einzelnen Lernaufträge gilt es nun, Lernziele zu formulieren.

Um ein gewünschtes Ziel zu erreichen, beachten Sie bei der Zielformulierung folgende Kriterien:

Ein Lernziel

- ist konkret, knapp und verständlich
- beschreibt Tatsachen, keine Absichtserklärungen
- ist realistisch
- wird in der Gegenwart formuliert
- ist positiv formuliert
- ist überprüfbar

Man unterscheidet

- Richtziele
- Grobziele
- Feinziele

Lernziele für den Lernauftrag „Unterhaltsreinigung von Zimmern durchführen“ Zeitpunkt: 1. Hälfte des 1. Ausbildungsjahres	
Richtziel	Die Auszubildende kann selbstständig Zimmer reinigen.
Grobziele	Die Auszubildende reinigt die Zimmer 〉 fachgerecht, 〉 wirtschaftlich, 〉 umweltbewusst, 〉 hygienisch, 〉 kundenorientiert.
Feinziele	**Kognitive Ziele:** Die Auszubildende kennt Materialien für Oberflächen und Böden. Sie setzt Reinigungschemie entsprechend der Materialien und nach Anwendervorschrift ein. Sie arbeitet nach hygienischen Vorschriften. Sie kann einen Zeitplan zur Zimmerreinigung erstellen. Sie kennt und erfüllt die Qualitätsstandards für die Reinigung. **Psychomotorische Ziele:** Die Auszubildende setzt Reinigungstechnik sachgerecht ein. Sie arbeitet ergonomisch sinnvoll, rationell und umsichtig. **Sozio-integrative Ziele:** Die Auszubildende kennt die Grundregeln der Kommunikation und wendet sie bei der Arbeit im Reinigungsteam an. **Affektive Ziele:** Die Auszubildende kennt die Wünsche der Bewohner bezüglich der Reinigung. Sie kennt die Grundregeln für Gespräche mit Bewohnern. Sie nimmt Rücksicht auf deren Intimleben. Sie handelt umweltbewusst, verantwortungsvoll und zuverlässig.

So vertiefen Sie das Thema:

Wählen Sie aus dem betrieblichen Ausbildungsplan eine Einheit aus und leiten Sie Lerninhalte und dazugehörige Lernaufträge ab. Formulieren Sie zu ausgewählten Aufträgen Lernziele.
Diskutieren Sie in der Gruppe, warum diese Vorarbeit vor dem eigentlichen Ausbilden am Arbeitsplatz notwendig ist.

3.3.4 Handlungskompetenz

Zielsetzung jeder Berufsausbildung ist es, berufliche Handlungsfähigkeit zu vermitteln:

§ 1 Abs. 3 Berufsbildungsgesetz sagt dazu:

„Die Berufsausbildung hat die für die Ausübung einer qualifizierten beruflichen Tätigkeit in einer sich wandelnden Arbeitswelt notwendigen beruflichen Fertigkeiten, Kenntnisse und Fähigkeiten (berufliche Handlungsfähigkeit) in einem geordneten Ausbildungsgang zu vermitteln. Sie hat ferner den Erwerb der erforderlichen Berufserfahrungen zu ermöglichen."

Oberstes Prinzip der Ausbildung ist daher, die Selbstständigkeit der Auszubildenden zu fördern. Indem sie hauswirtschaftliche Handlungen selbstständig plant, durchführt und kontrolliert, erwirbt sie Handlungskompetenz.

„Unter beruflicher Handlungskompetenz wird im Allgemeinen die Bündelung verschiedener Kompetenzen verstanden. Man unterscheidet in der Regel:

- die Sachkompetenz als die Fähigkeit, komplexe fachliche Aufgaben durch die Anwendung von fachlichem Wissen und Können erfolgreich bewältigen zu können;
- die Methodenkompetenz als die Fähigkeit, geeignete Methoden und Strategien zur Bewältigung der Aufgaben oder zur Lösung eines Problems anwenden zu können;
- die Sozialkompetenz als die Fähigkeit, mit anderen Menschen angemessen umgehen und erfolgreich kommunizieren sowie kooperieren zu können;
- die Individualkompetenz als Fähigkeit, mit sich selbst kritisch und reflektierend umgehen zu können, d. h. eigene Kenntnisse, Fähigkeiten und Fertigkeiten hinterfragen und eventuell Maßnahmen einleiten zu können."

(Arnold/Krämer-Stürzl, 1999)

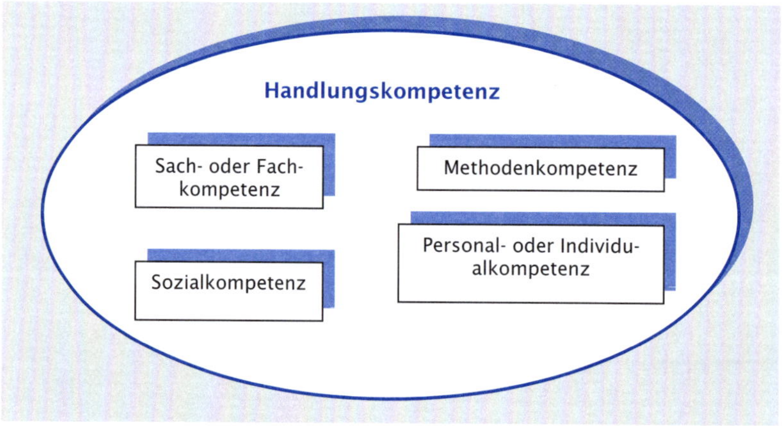

Wenn Sie diese Kompetenzen bei den Auszubildenden fordern und fördern, können sie sich die so genannten Schlüsselqualifikationen aneignen. Dies sind berufsunabhängige Qualifikationen. Wie der Name sagt, erschließt sich über diese Qualifikationen das selbstständige, komplexe Handeln.

- Denken in Zusammenhängen
- Kreativität
- Problembewusstsein
- Verantwortungsbewusstsein
- Zielgerichtetes Arbeiten, Planungsfähigkeit
- Selbstkritisches Verhalten
- Begeisterungsfähigkeit
- Empathie (Einfühlungsvermögen)
- Kommunikationsfähigkeit, Teamfähigkeit, Toleranz

Das Ausbildungsmodell, das die Forderung nach Selbstständigkeit optimal erfüllt, ist das Modell der vollständigen Handlung.

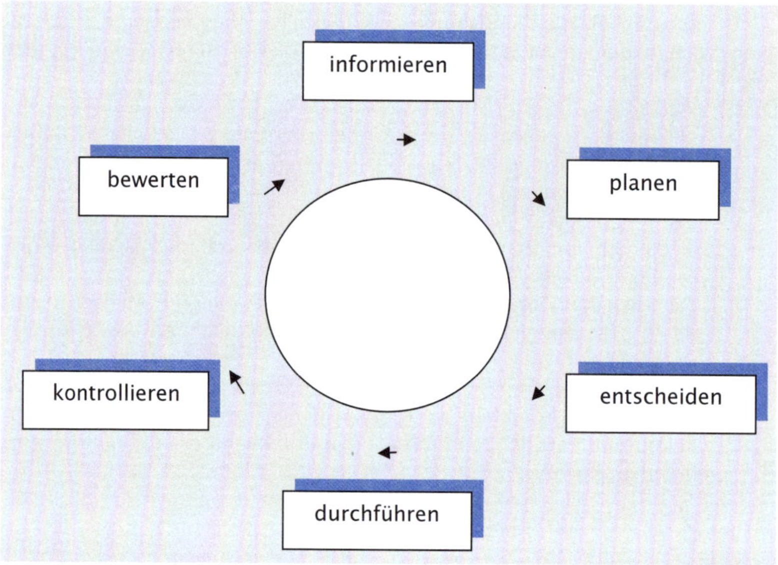

Am Beispiel der Aufgabe „Beerdigungskaffee in einem Alten- und Pflegeheim gestalten" wird deutlich, wie das Modell der vollständigen Handlung realisiert werden kann.

informieren

Die Auszubildende informiert sich über organisatorische, kulturelle, fachliche, kommunikative und wirtschaftliche Zusammenhänge:

- Wann findet die Beerdigungsnachfeier statt?
- Wie viele Personen werden kommen?
- Wo soll sie stattfinden?
- Wie soll der Tischschmuck aussehen?
- Welche Gebäckarten gibt es üblicherweise bei Beerdigungen?
- Welche Rezepturen stehen mir zur Verfügung?
- Wie viel Zeit steht mir zur Verfügung?
- Welche Schnittstellen gibt es?
- Mit wem muss ich mich abstimmen?
- Welches Budget steht zur Verfügung?

planen

Die Auszubildende plant die Arbeitsprozesse unter Berücksichtigung der organisatorischen Bedingungen des Betriebes:

- Welche Arbeiten fallen an?
- Wer führt sie aus?
- Welche zeitliche Reihenfolge ist sinnvoll?
- Welche Arbeitsmittel stehen zur Verfügung?
- Welche Rezepturen und welcher Tischschmuck sind mit dem Budget zu verwirklichen?

entscheiden

Die Auszubildende fällt Entscheidungen zwischen verschiedenen Auswahlmöglichkeiten:

- Gebäcksorten und Tischschmuck festlegen
- über Beschaffung entscheiden
- über Arbeitsmethoden entscheiden
- über Zeitplan entscheiden

durchführen

- Arbeitsplatz vorbereiten
- Gebäck herstellen
- Dekoration herstellen
- Tische eindecken
- Getränke bereitstellen
- Arbeitsplatz aufräumen
- Gäste begrüßen
- Präsentieren

kontrollieren

Die Auszubildende kontrolliert Planung, Durchführung und Ergebnis:

- Planung am Kunden orientiert
- Vollständigkeit der Arbeitsmaterialien und Rezepturen
- Backtemperatur, Backergebnis
- Sauberkeit des Geschirrs und der Tischdecken
- Platzierung und Aussehen der Dekoration
- Qualität – Vergleich mit Qualitätsstandards

bewerten

Die Auszubildende bewertet ihren Arbeitsprozess unter den Fragestellungen: Was war gut, was ist mir weniger gut gelungen, wie kann ich das Erlernte für einen nachfolgenden Arbeitsauftrag nutzen?

- Selbstkritische Betrachtung und Beurteilung der Vorbereitung und Durchführung
- Erarbeiten von Verbesserungsvorschlägen
- Schwachstellen erkennen
- Notizen für das nächste Mal

3.4 Ausbildungsmethoden

3.4.1 Handlungsorientierte Methoden

Übersicht

Eine gute Übersicht über handlungsorientierte Methodenvielfalt bietet J. Knoll in „Kurs- und Seminarmethoden", 1991

Übersicht über verschiedene handlungsorientierte Lernmethoden	
Stofforientierte Methoden	〉 Textarbeit 〉 Brainstorming 〉 Fallbeispiel 〉 Planspiel 〉 Leittext 〉 Projektmethode 〉 Moderationstechnik 〉 Team-Teaching 〉 Gruppenarbeit 〉 Mind-Mapping
Kommunikativ orientierte Methoden	〉 Diskussion, Rundgespräch 〉 Pro und Contra 〉 Graffiti 〉 Aquarium
Gestalterisch orientierte Methoden	〉 Arbeit mit Fotos und Bildern 〉 Thema bildnerisch gestalten 〉 Collagen 〉 Texte schreiben
Meditativ orientierte Methoden	〉 Metapher-Meditation 〉 Fantasiereise 〉 Suggestopädische Methoden
Spielerisch orientierte Methoden	〉 Pantomime 〉 Rollenspiel 〉 Planspiel

Eine Auswahl dieser Methoden wird im Folgenden erläutert und mit Beispielen aus der hauswirtschaftlichen Ausbildungspraxis veranschaulicht.

Leittextmethode

Leittexte leiten Auszubildende mit Fragen, Handlungs- und Reflexionsaufforderungen durch die sechs Phasen der vollständigen Handlung.
Wenn Sie sich entschieden haben, für welche Lerninhalte und ganz konkret für welchen Lernauftrag Sie einen Leittext einsetzen möchten, formulieren Sie die Lernziele. Konzentrieren Sie sich dabei auf die wesentlichen Lernziele. Geben Sie nun zur Einstimmung ins Thema einige allgemeine und/oder auch betriebsspezifische Hinweise. Die Leitfragen und Aufforderungen, die sich nun anschließen, bilden für die Auszubildende den roten Faden durch die Schritte der vollständigen Handlung.

〉 Informieren und planen:

Zunächst erhält die Auszubildende Impulse, sich Informationen zum Thema zu verschaffen und einen Plan für die Lösung der Ausbildungsaufgabe zu entwerfen.
Hier setzen Sie überwiegend W-Fragen ein, also offene Fragen. So erhält die Auszubildende die Chance, sich ein breites Spektrum zu erarbeiten.

〉 Entscheiden und durchführen:

Jetzt kommt es zu konkreten Handlungsaufforderungen.
Die Auszubildende muss den Lernauftrag realisieren.

〉 Kontrollieren und bewerten:

Zur Reflexion der eigenen Arbeit stellen Sie am Schluss Leitfragen, die die Auszubildende zur kritischen Stellungnahme animiert. Auch hier überwiegen wieder die offenen Fragen.

Wenn Sie den Leittext erstellt haben, bedeutet es nicht, dass Sie sich als Ausbilderin nun zurücklehnen und die Auszubildende arbeiten lassen. Nach einer gemeinsamen Besprechung über Lernziele und Klärung von Verständnisfragen stehen Sie immer im Hintergrund bereit, um zu erläutern, durch Kritik zu motivieren und - wenn nötig - weitere Impulse zu geben.
Die berufs- und arbeitspädagogische Herausforderung besteht darin, individuell auf jede Auszubildende bezogen das richtige Verhältnis von Präsenz und Rückzug herauszufinden.

Es folgen drei Beispiele für Leittexte:

Der erste Leittext ist für Auszubildende im 1. Ausbildungsjahr bestimmt.
Lernauftrag: „Unterhaltsreinigung von Zimmern durchführen"

Der zweite Leittext ist für Auszubildende im 3. Ausbildungsjahr bestimmt.
Lernauftrag: „Ein Freizeitangebot hauswirtschaftlich betreuen"

Der dritte Leittext richtet sich an Sie als Ausbilderin.
Lernauftrag: „Eine Ausbildungssituation durchführen"

Weitere Leittexte für Auszubildende finden Sie in
Karin Beuting-Lampe: „Auszubildende erobern die Hauswirtschaft – Arbeitsbuch mit Leittexten" (Europa-Nr. 60174)

Leittext: „Unterhaltsreinigung von Zimmern durchführen“ Berufsbildposition: Hauswirtschaftliche Versorgungsleistung, hier: „Reinigen und Pflegen von Räumen“, 1. Ausbildungsjahr	
Lernziele	〉 Die Auszubildende kennt Reinigungsverfahren und -methoden. 〉 Sie kann Böden und Oberflächen sachgerecht reinigen. 〉 Sie kann eine Zimmerreinigung rationell durchführen.
Allgemeine Hinweise	Reinigungsverfahren 〉 Grundreinigung 〉 Unterhaltsreinigung 〉 Sichtreinigung unterscheiden sich durch die Intensität, mit der gereinigt wird. 〉 Eine Grundreinigung ist das gründlichste Reinigungsverfahren. Hierbei werden stark anhaftende Verschmutzungen entfernt und abgenutzte Pflegefilme saniert. Bei einer Grundreinigung werden alle frei beweglichen Möbel aus dem Zimmer geräumt. 〉 Die Unterhaltsreinigung ist eine turnusmäßige (meist wöchentliche) Reinigung, bei der regelmäßig festgelegte Reinigungsarbeiten durchgeführt werden. Bei der Unterhaltsreinigung werden leicht bewegliche Möbel innerhalb des Zimmers beiseite gerückt. 〉 Die Sichtreinigung ist eine vom Umfang her reduzierte Reinigung, bei der die sichtbaren Verschmutzungen zwischen zwei Unterhaltsreinigungen entfernt werden. Reinigungsmethoden sind z. B. 〉 saugen, nass wischen, scheuern von Böden, 〉 feucht wischen und polieren von Oberflächen. Da Reinigung eine personalintensive Dienstleistung ist, müssen die Abläufe so rationell wie möglich durchgeführt werden.
Betriebsspezifische Hinweise	

Informieren und planen:

Wenn Sie das erste Mal bei der Zimmerreinigung eingesetzt sind, informieren Sie sich:

- Welche Arbeitsmittel (Reinigungsmittel, Reinigungstücher, Reinigungsgeräte, Hygieneartikel) sind auf Ihrem Reinigungswagen?
- Wofür werden sie eingesetzt?

- Warum ist es wichtig, dass die Arbeitsmittel sachgerecht eingesetzt werden? Was kann passieren, wenn Sie mit einem roten Lappen für Toiletten ein Sideboard abwischen?

- Welche Arbeiten fallen bei der Unterhaltsreinigung an?

〉 Welche Vor- und Nachrüstarbeiten müssen erledigt werden?

〉 Welche Arbeitsschutz- und Hygienemaßnahmen müssen Sie einhalten?

Entscheiden und durchführen

〉 Überlegen Sie, in welcher Reihenfolge die Abläufe sinnvoll sind. Beobachten Sie bei geübten Reinigungskräften, wie sie bei der Unterhaltsreinigung eines Zimmers vorgehen.

〉 Reinigen Sie mehrere Zimmer.

Kontrollieren und bewerten

Kontrollieren Sie jedes Mal, wenn ein Zimmer fertig ist:

- Haben Sie sich an die Reihenfolge gehalten?
- Haben Sie alle nötigen Arbeiten erledigt?
- Ist der Sauberkeitsgrad erreicht, der in Ihrem Ausbildungsbetrieb Standard ist?
  Klären Sie dies mit Ihrer Ausbilderin.

Besprechen Sie nach einiger Zeit des Übens mit Ihrer Ausbilderin:

- Wie vertraut sind Sie in der Anwendung der Reinigungsmethoden?

- Wonach entscheiden Sie, welche Reinigungsmittel Sie in welcher Dosierung einsetzen?

- Wie sind Sie mit Ihrem Reinigungsergebnis und Ihrem Arbeitstempo zufrieden?

- Wie ordentlich sehen Ihr Arbeitsplatz und Ihr Reinigungswagen aus?

- Wie gewissenhaft erledigen Sie die Vor- und Nachrüstarbeiten?

- Wie aufmerksam halten Sie Arbeitsschutz- und Hygienemaßnahmen ein?

<table>
<tr><td colspan="2">Leittext: „Ein Freizeitangebot hauswirtschaftlich betreuen“

Berufsbildposition: Hauswirtschaftliche Betreuungsleistung,
hier: „Motivation und Beschäftigung“, 3. Ausbildungsjahr</td></tr>
<tr><td>Lernziele</td><td>〉 Die Auszubildende kennt Freizeitangebote für verschiedene Zielgruppen.
〉 Sie kann Vorschläge erarbeiten und Personen bei Freizeitveranstaltungen betreuen</td></tr>
<tr><td>Allgemeine Hinweise</td><td>Menschen, die die Dienstleistungen von Einrichtungen der Gemeinschaftsverpflegung in Anspruch nehmen, haben je nach Art der Einrichtung ganz unterschiedliche Bedürfnisse bezüglich ihrer Freizeitgestaltung.

〉 Gesunde Kinder (Familienfreizeit)
〉 Kranke Kinder (Kinderklinik)
〉 Jugendliche aus sozialen Brennpunkten
〉 Schüler in einem Internat
〉 Tagungsgäste
〉 Touristen
〉 Behinderte junge, erwachsene oder alte Menschen
〉 Bewohner eines Alten- und Pflegeheimes

Auch ihr Wunsch, dabei von anderen betreut zu werden, ist ganz unterschiedlich.

In der Betreuung arbeiten Sie oft mit anderen Berufsgruppen zusammen, z. B.:

〉 Pflegemitarbeiter
〉 Ergotherapeuten
〉 Sozialarbeiter
〉 Lehrer

Hier müssen gemeinsam Schnittstellen geregelt werden. Wenn die Zielsetzung einer Veranstaltung geklärt ist, wird festgelegt, welche Berufsgruppe welche Betreuungsleistung erbringt.</td></tr>
<tr><td>Betriebsspezifische Hinweise</td><td></td></tr>
</table>

Informieren und planen:

Besprechen Sie mit Ihrer Ausbilderin, welches Freizeitangebot Sie betreuen möchten. Informieren Sie sich:

〉 Welches Angebot passt zu Ihrer Zielgruppe?

〉 Welche Erwartungen hat Ihre Zielgruppe zur Freizeitgestaltung und -betreuung?

〉 Entwickeln Sie konkrete Vorschläge, z. B.
im Alten- und Pflegeheim:
- Besuch eines Wochenmarktes
- Basteln von Herbstgestecken
in einem Internat:
- ein Tagesausflug
- ein (Tischtennis-) Turnier

- Mit welchen Berufsgruppen werden Sie kooperieren?

Planen Sie mit den Mitarbeitern der anderen Berufsgruppen:

- Wann soll die Freizeitveranstaltung angeboten werden?
- Welches werden Ihre Aufgaben dabei sein?
- Welches Budget haben Sie zur Verfügung?

Entscheiden und durchführen

- Erstellen Sie einen Arbeitsplan.

- Entscheiden Sie über das notwendige Material und beschaffen Sie es.

- Binden Sie andere in Ihre Arbeit mit ein.

- Gestalten Sie ein Plakat für das Freizeitangebot.
- Führen Sie das Freizeitangebot durch.

Kontrollieren und bewerten

Kontrollieren Sie:

- Verliefen Vorbereitung, Durchführung und Nachbereitung der Veranstaltung nach Plan? Gab es zeitliche oder organisatorische Veränderungen? Was war der Grund dafür?

- Haben Sie die Vorgaben des Budgets eingehalten?

- Welche Maßnahmen für Hygiene, Arbeitsschutz und Umweltschutz haben Sie bei der Freizeitveranstaltung beachtet?

Besprechen Sie mit Ihrer Ausbilderin:

- Wie wurde Ihr Angebot von den Teilnehmern angenommen?

- Wie ist Ihnen die Freizeitgestaltung mit anderen zusammen gelungen?

- Wie sind Sie mit Problemen oder Konflikten umgegangen?

<table>
<tr><td colspan="2">Leittext: „Eine Ausbildungssituation durchführen“

Modul/Lehrgang Berufs- und Arbeitspädagogik
hier: „Ausbildung durchführen“ (s. auch S. 136)</td></tr>
<tr><td>Lernziele</td><td>〉 Die Ausbilderin kann Lerninhalte und Lernaufträge auswählen.
〉 Sie kennt Richt-, Grob- und Feinziele und kann Ziele formulieren.
〉 Sie setzt aktivierende Lernmethoden ein.
〉 Sie kann eine Ausbildungssituation strukturieren.
〉 Sie kann Ausbildungserfolge bewerten.</td></tr>
<tr><td>Allgemeine Hinweise</td><td>Durchführung einer Ausbildungssituation bedeutet
〉 Lerninhalte festlegen
〉 Lernaufträge ableiten
〉 Lernziele definieren
〉 Lernprozess der Auszubildenden mit Impulsen und Lernmethoden initiieren und unterstützen
〉 Lernerfolge überprüfen

Oberstes Prinzip der Ausbildung ist es, die Selbstständigkeit der Auszubildenden zu fördern, damit sie komplexe Arbeitsaufgaben lösen, Zusammenhänge erkennen und einmal Erlerntes auf neue Situationen übertragen können (exemplarisches Lernen).

Eine Ausbildungssituation muss so angelegt sein, dass die Fach-, Methoden-, Sozial - und Personalkompetenz und somit die Handlungskompetenz der Auszubildenden gefördert wird.

Die Schritte der vollständigen Handlung - informieren, planen, entscheiden, durchführen, kontrollieren, bewerten - müssen von der Auszubildenden praktiziert werden können.

Aufgaben der Ausbilderin sind
〉 Vorbereiten der Ausbildungssituation
〉 Beobachten des Lernprozesses der Auszubildenden
〉 Bewerten des Lernerfolgs
〉 Rückschlüsse ziehen für weitere Ausbildungssituationen</td></tr>
<tr><td>Lehrgangs-spezifische Hinweise</td><td></td></tr>
</table>

Informieren und planen:

- Worauf begründen sich die Auswahl von Ausbildungsinhalten und die Arbeitsaufträge in der betrieblichen Ausbildung zur Hauswirtschaft?

- Wählen Sie für die Ausbildungssituation einen Ausbildungsinhalt aus und legen Sie fest, in welchem Ausbildungsjahr er angesiedelt ist.

- Welche Schritte sind für Ihre Planung wichtig?

- Woraus leiten Sie die für diese Situation geltenden Lernziele ab?

- Welche Methoden können Sie einsetzen?
  Welche Lehr- und Arbeitsmittel benötigen Sie dazu?

- Auf welche Vorerfahrungen der Auszubildenden können Sie zurückgreifen?

- Wie können Sie eine Ausbildungssituation strukturieren?

Entscheiden und durchführen:

- Entscheiden Sie, welche Lernziele Sie mit welchen Methoden erreichen möchten.
- Erstellen Sie einen Zeitplan und strukturieren Sie die Ausbildungssituation.
- Stellen Sie Lehr- und Arbeitsmittel bereit.
- Führen Sie die Ausbildungssituation durch.

Kontrollieren und bewerten:

Kontrollieren Sie vor der Durchführung:

- Haben Sie die Lernziele richtig definiert, haben Sie die Methoden gut vorbereitet, stehen Ihnen alle Lehr- und Arbeitsmittel zur Verfügung?
- Vergewissern Sie sich, ob Sie zum ausgewählten Thema selbst noch einige Fachinformationen benötigen (fachliche Sicherheit!)

Bewerten Sie nach der Durchführung der Ausbildungssituation:

- Wie ist es Ihnen gelungen, die definierten Lernziele zu erreichen?

- Wie konnten Sie die Auszubildenden aktivieren, motivieren und zum selbstständigen Lernen anleiten?

- Wie konnten Sie deren Lernerfolge überprüfen?

- Wie zufrieden waren Sie mit Ihrer Zeitplanung und der Struktur der Ausbildungssituation?

- Wie sicher fühlten Sie sich während der Ausbildungssituation?

- Wie bewerten Sie Ihre Präsentation insgesamt?
- Was ist Ihnen gut gelungen? Wo liegen Ihre Stärken?
- Wo sehen Sie eventuell noch Verbesserungsbedarf?
- Was werden Sie bei Ihrer nächsten Durchführung anders machen?

Projektmethode

Die Projektmethode ist eine Methode, bei der Sie als Ausbilderin der Auszubildenden das höchste Maß an Freiheit zubilligen. Von Ihnen fordert diese Methode eine arbeitsintensive Vorbereitung und eine fachkompetente Beobachtung und Bewertung.
Sie legen mit der Auszubildenden gemeinsam eine komplexe betriebsspezifische Aufgabe fest, die die Auszubildende selbstständig bearbeitet, beginnend bei der Planung bis zur Durchführung, Präsentation und Bewertung.
Die Aufgabenstellung ist offen formuliert und lässt große Gestaltungsmöglichkeit, verschiedene Lösungswege und individuelle Lernwege zu. Auch wenn die Projektmethode ideal ist für eine Gruppe von Auszubildenden, kann sie doch auch von einzelnen Auszubildenden durchgeführt werden.
Ihre Aufgabe als Ausbilderin ist es, darauf zu achten und darauf zu bestehen, dass das Projekt eine realistische hauswirtschaftliche Dienstleistung darstellt, die kundenorientiert und praxisnah durchgeführt werden kann. Zudem muss sie der Auszubildenden die Möglichkeiten bieten, sich theoretische Lerninhalte aneignen zu können.

Schritte eines Projektes	Aufgabe der Ausbilderin
Vorbereitung	Projektideen entwickeln und über ihre Durchführbarkeit entscheiden Lernziele formulieren Rahmenbedingungen schaffen 〉 Zeitrahmen, Raum und Freiraum 〉 Arbeitsmaterial und Technik 〉 Budgetvollmacht bis zu einer festgelegten Höhe 〉 eventuell Vorbereitung/Information der Kunden und Kollegen im Haus 〉 Projektaufgabe mit der Auszubildenden formulieren
Durchführung	〉 Hilfestellung bei der Beschaffung von Informationen leisten 〉 Lernmethoden anbieten 〉 den Auszubildenden bei Bedarf zur Verfügung stehen 〉 im Hintergrund bleiben 〉 Beobachtungs- und Bewertungsprotokoll erstellen
Auswertung	〉 Lernzielerreichung überprüfen 〉 Protokolle auswerten 〉 Auswertung in die Planung von neuen Projekten einfließen lassen

Schritte im Projekt	Aufgabe der Auszubildenden
Formulierung der Projektaufgabe	〉 Von der Projektidee ausgehend mit der Ausbilderin eine konkrete Aufgabe formulieren
Analyse der Aufgabe	〉 Zielsetzung erarbeiten 〉 Zu erarbeitende Teilaufgaben formulieren 〉 Rahmenbedingungen benennen
Planung	〉 Welche Informationen brauche ich? 〉 Woher bekomme ich sie? 〉 Gibt es mehrere Lösungsmöglichkeiten? 〉 Für welche entscheide ich mich? Warum? 〉 Arbeitsplan erstellen, Kosten kalkulieren.
Durchführung und Kontrolle	〉 Umsetzung der hauswirtschaftlichen Versorgungs- und Betreuungsleistungen, 〉 Qualitätsstandards anwenden, 〉 Ergebnis kontrollieren
Auswertung	〉 Was war gut? 〉 Was ist weniger gelungen? 〉 Was kann ich besser machen? 〉 Wo liegen meine besonderen Schwierigkeiten? 〉 Welche Unterstützung brauche ich eventuell?

vgl. Berichtsheft für den Ausbildungsberuf Hauswirtschafter/in, Landwirtschaftsverlag, Münster

Die Projektmethode wird überwiegend in der zweiten Hälfte der Ausbildung für die Fachaufgaben im Einsatzgebiet eingesetzt.

Beispiele für Aufgaben, die in Projekten durchgeführt werden können:

- Entwicklung von Verbesserungsvorschlägen für die Einrichtung eines Speiseraumes (eines Aufenthaltsraumes, einer Spülküche)
- Erstellung eines Anforderungskataloges für eine behindertengerechte Ausstattung des Ausbildungsbetriebes
- Optimierung des Wäscheverteilsystems
- Vortrag über kindgerechte Ernährung (umweltfreundliche Reinigung, Erläuterung des Wäscheverteilsystems)
- Erstellung eines Schnittstellenkatalogs für die Wohnbereichsküche (den Wäschekreislauf)
- Ausrichtung von Feiern
- Teilaufgaben beim Tag der offenen Tür oder anlässlich von Informationstagen
- Kiosk- oder Cafeteriaverkauf
- Grundreinigung und Einrichtung von Räumen nach Renovierung
- Erarbeitung eines Angebotes von Servicedienstleistungen
- Präsentation der Hauswirtschaft bei einer Veranstaltung zum Welthauswirtschaftstag
- Ausgewählte Teilbereiche als Urlaubsvertretung der Ausbilderin
- Juniorfirma: z. B. freitags wird die hauswirtschaftliche Abteilung von Auszubildenden geleitet

Beispiel einer Projektarbeit

Arbeitsplatz: Jugendwohnheim. Die Jugendlichen wohnen in kleinen Wohngruppen. Werktags essen sie in der Schule, am Wochenende verpflegen sie sich unter Anleitung einer Hauswirtschafterin selbst.
Projektideen:

- Aktivierung von Jugendlichen am Wochenende
- Hauswirtschaftliche Versorgung und Betreuung einer Gästegruppe
- Auseinandersetzung mit der besonderen Situation von suchtgefährdeten Mädchen

Ausbilderin und Auszubildende überlegen gemeinsam, welche reale, komplexe Aufgabe diese Ideen vereinen kann.
Ergebnis der Themenfindung:
Eine Wohngruppe mit fünf Mädchen im Alter von 13 bis 16 Jahren bekommt an einem Samstag Besuch von einer Gruppe der Anonymen Alkoholiker (drei junge Frauen). Sie bleiben zum Mittagessen und Kaffeetrinken und werden hauswirtschaftlich versorgt und betreut.

Schritte im Projekt	Selbstständige Gestaltung durch die Auszubildende	Mögliche Methoden
Formulierung der Projektaufgabe	„Hauswirtschaftliche Versorgung und Betreuung eines Informationstages der Anonymen Alkoholiker"	
Analyse der Aufgabe	Zielsetzung	
	Zu erarbeitende Teilaufgaben	Brainstorming und Clustern
	Rahmenbedingungen	W-Fragen-Methode
Planung	Welche Informationen brauche ich?	Mindmapping
	Woher bekomme ich sie?	Einzeltextarbeit mit Leitfragen
	Gibt es mehrere Lösungsmöglichkeiten? Für welche entscheide ich mich? Warum?	Pro-und-Contra-Spiel
	Arbeitsplan erstellen, Kosten kalkulieren	
Durchführung	Umsetzung der kundenorientierten hauswirtschaftlichen Versorgungs- und Betreuungsleistungen	
Kontrolle und Auswertung	Was war gut?	
	Was ist weniger gelungen?	Fischgrät-Diagramm
	Was kann ich besser machen?	6-3-5-Methode (Brainwriting)
	Welche Unterstützung brauche ich dazu?	

Brainstorming

Beim Brainstorming findet ein „Gedankensturm“ statt. Ein Problem, zu dem eine Lösung gesucht wird, wird von der Gruppe gemeinsam formuliert und an eine Tafel oder ein Flipchart geschrieben.
Alle Mitglieder der Gruppe nennen nun Ideen, die ein Moderator gut sichtbar und leserlich aufschreibt.
Wichtig ist, dass diese Ideen nicht kommentiert werden. Kritik oder Beifallsäußerungen sind tabu. Es spielt auch keine Rolle, ob die Ideen realistisch und praktikabel sind oder ob sie ausgefallen und (scheinbar) verrückt sind. Jede Äußerung ist erlaubt und wird notiert.
Nach 15 bis 20 Minuten „Gedankensturm“ nimmt sich die Gruppe jetzt jede Idee im Einzelnen vor, betrachtet sie, beurteilt, verwirft oder prädestiniert sie. Gerade ausgefallene Ideen sollen aber ruhig lang genug diskutiert werden.
Während der Diskussion können auch weitere Ideen entwickelt werden.

Karten clustern

Clustern bedeutet: Gruppen bilden.
Mithilfe des Brainstormings werden Ideen gesammelt. Diese werden aber nicht an ein Flipchart geschrieben, sondern auf Moderationskarten. Auf jeder Karte wird immer nur eine Idee festgehalten.
Die Karten werden nacheinander an eine Moderationswand geheftet, anschließend überlegt die Gruppe, welche Begriffe thematisch zusammengehören (s. S. 134).

Beispiel aus dem Projekt „Jugendwohnheim“

Fragestellung: Welche Teilaufgaben fallen bei der Projektaufgabe an?

Ergebnis nach Brainstorming und Clustern:

Speisenversorgung
Speisenfolge festlegen
Mittagessen kochen
Warenbestand prüfen
Einkaufen
Kuchen backen
Getränke, kein Alkohol bereitstellen

Gäste und Bewohnerinnen betreuen
Gäste begrüßen
Zuhören und Gespräche führen
Hausführung machen
Gäste verabschieden

Service
mit Bewohnerinnen Tische decken
Kuchenbuffet aufbauen
Geschirr bereitstellen
Gläser prüfen
Jahreszeitlichen Tischschmuck herstellen

Reinigung
spülen
Küche reinigen
Tische abwischen
Abfall entfernen

Kalkulation
Budget festlegen
Warenbedarf ermitteln
Kosten ermitteln

W-Fragen-Methode

Mit der W-Fragen-Methode lassen sich auf eine einfache und schnelle Weise Ideen und Gedanken entwickeln und in ein System bringen.
Eine Aufgabe wird bearbeitet, ein Sachverhalt wird geklärt oder ein Problem gelöst, indem W-Fragen gestellt werden:

- Was?
- Wer?
- Wen?
- Wo?
- Wann?
- Wie?
- Weshalb?

Beispiel aus dem Projekt „Jugendwohnheim"

Bei der Analyse ihrer Arbeitsaufgaben fragen sich die Auszubildenden, welche Rahmenbedingungen für die Durchführung ihres Projektes gelten.

W-Frage	Erläuterung
Was wird von uns erwartet?	Hauswirtschaftliche Versorgung, aber auch Betreuung. Versorgung: Mittagessen und Kaffeetrinken, Service und Reinigung, Kalkulation, Präsentation Betreuung: Atmosphäre im Wohn - Esszimmer gestalten; über unsere Einrichtung informieren, eventuell Führung
Wer sind die Gäste?	Anonyme Alkoholiker, drei junge Frauen, die nur wenig älter sind als unsere jugendlichen Bewohner.
Wo finden die verschiedenen Phasen des Projektes statt?	Vorbereitung im Büro der Hauswirtschaftsleitung Durchführung im Wohnbereich und in der Wohnküche Auswertung im Besprechungsraum
Wann kommen die Gäste?	Samstag, 3. September 2011, 12.00 Uhr Die Mädchen der Wohngruppe haben am Samstag Vormittag keine Schule und können in die Vorbereitungen mit einbezogen werden
Weshalb kommen gerade diese Gäste?	Unsere jugendlichen Mädchen sind suchtgefährdet. Die Selbsthilfegruppe stellt sich vor, damit die Jugendlichen eine Anlaufstelle für ihre Suchtprobleme kennen lernen.
Wie wollen wir den Raum gestalten?	Damit die Jugendlichen miteinander ins Gespräch kommen können, darf die Atmosphäre nicht steif sein.
Wen können wir bei unserer Planung mit einbeziehen?	〉 Ausbilderin (steht für Fragen zur Verfügung), 〉 Erzieherin der Wohngruppe (kann uns Informationsmaterial über Anonyme Alkoholiker geben) 〉 Die Jugendlichen (können mitarbeiten)

Mindmapping

Mindmaps sind „geistige Landkarten". Mit ihnen lassen sich Gedanken sammeln und grafisch anordnen. Das Arbeiten mit Mindmaps wird als Mindmapping bezeichnet.
Ein Thema/eine Aufgabe/ein Problem wird formuliert und in Quadrat- oder Kreisform in die Mitte eines Blattes gesetzt. Von diesem Mittelpunkt aus gehen Abzweigungen (Äste) in alle Richtungen ab. Auf die Abzweigungen werden Gedanken und Ideen zum Hauptthema geschrieben. Von diesen Ästen gehen weitere Wege ab, die wiederum Unterpunkte zu den ersten Abzweigungen darstellen. So können viele Gesichtspunkte gesammelt und gleichzeitig thematisch geordnet und systematisiert werden.
Damit die Mindmap nicht zu unübersichtlich wird, sind für die Gestaltung folgende Regeln zu beachten:

- Papier in Querformat legen
- eindeutige, knappe Formulierung des Themas in der Mitte
- deutlich schreiben, Druckbuchstaben mit Groß- und Kleinschreibung
- Gedanken und Ideen in Stichworten formulieren, keine ganzen Sätze
- die Mindmap so gestalten, dass man alles lesen kann, ohne den Kopf zu verdrehen

Beispiel

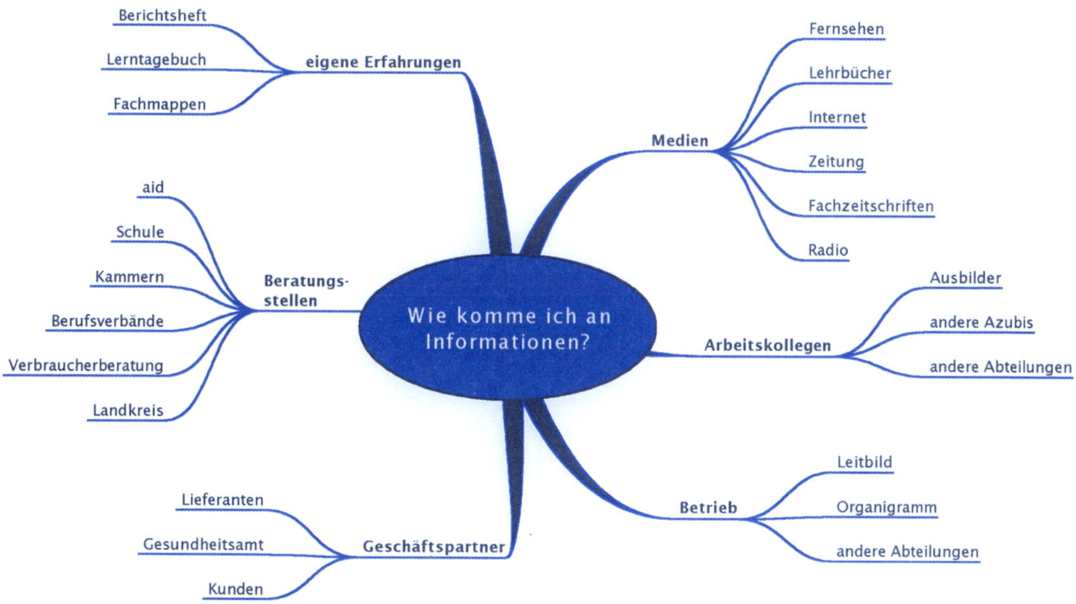

Textarbeit mit Leitfragen

Diese Methode ist eine kleine, verkürzte Variante der Leittextmethode. Ein Text, der thematisch zur Aufgabe hinführt oder die Auseinandersetzung mit dem Thema vertieft, wird von der Ausbilderin mit Fragen versehen. Die Fragen regen die Auszubildende an, schon bekanntes Wissen mit Neuem zu verknüpfen. Das Ergebnis – das bei keiner Auszubildenden gleich ausfällt – wird anschließend diskutiert.

Vor der selbstständigen Erarbeitung eines Textes müssen die Auszubildenden wissen, wie sie aktiv und somit effektiv lesen können:

- Angenehme Leseatmosphäre schaffen
- Überblick über den Text verschaffen:
  Herkunft, Autor, Struktur, Umfang
- Schlüsselbegriffe markieren
- Unbekannte Begriffe sammeln
- Notizen neben dem Text machen
- Separate Notizen als Mindmap, Flussdiagramm, Tabelle o.a. machen
- Leitfragen zum Text bearbeiten

(siehe auch S. 76)

Beispiel aus der Projektarbeit „Jugendwohnheim“

Der folgende Beispieltext zeigt, dass die personenorientierte hauswirtschaftliche Dienstleistung in einen komplexen Kontext eingebunden ist. Mit dem ausgewählten Text können zwei affektive Lernziele (s. S. 91) bearbeitet werden:

- Die Auszubildende wird mit Merkmalen der Sucht konfrontiert. Sie kann sich selbst prüfen; der authentische Bericht stammt von einer Gleichaltrigen.
- Die Auszubildende befasst sich mit der speziellen Problematik ihres Kundenkreises. Sie erfährt etwas über die besondere Not(situation) der Jugendlichen.

Leitfragen zum Text

- Welches Bild hatten Sie bisher von Alkoholikern? Hat sich Ihre Vorstellung durch den Artikel verändert?
- Was machte die Ich-Erzählerin Christiane so verzweifelt, dass sie einen Selbstmordversuch unternahm?
- Sehen Sie Ähnlichkeiten zwischen Christiane und unseren Bewohnerinnen?
- Welche Fragen sind für Sie offen geblieben? Haben Sie Fragen, die Sie den jungen Frauen von den Anonymen Alkoholikern bei ihrem Besuch stellen möchten?
- Was müssen Sie bei Ihrer Speisen- und Getränkeauswahl für den Informationstag bedenken? Warum? Wo bekommen Sie gezielt Informationen über alkoholfreie Rezepte und Drinks?

„Mein Name ist Christiane, ich bin Alkoholikerin, 22 Jahre alt.

Die nachfolgende Geschichte läuft über einen Zeitraum von 10 Jahren, und ich möchte sie vom ersten Tag an erzählen. Zur Sylvesterfeier, kurz nach meinem 12. Geburtstag, bekam ich das erste Mal in meinem Leben Alkohol in beliebiger Menge vorgesetzt. Niemand hat dem eine Bedeutung beigemessen, dass ich schon bei der ersten Gelegenheit im Leben, mich zu betrinken, über alles normale Maß hinaus geschossen bin, am allerwenigsten ich selbst. Nach einer Pause von 2 Jahren entdeckte ich meinen Freund, den Alkohol, wieder.

Ich hatte zu Hause und auch in der Schule erhebliche Schwierigkeiten, und so bot sich das Trinken förmlich an. Nach einer Periode von einem halben Jahr, in der ich so gut wie ständig im Rausch war, wurde ich in ein geschlossenes Mädchenheim eingewiesen. Der Grund: drohende Verwahrlosung. Obwohl meine Mutter miterlebt hat, dass ich jeden Tag trank, kam ihr vorerst nicht der Gedanke, ich könnte alkoholkrank sein. Es fiel mir auf, dass ich immer schlampiger wurde. In diesem Heim war es nicht möglich, an Alkohol heranzukommen. Später jedoch wurde ich in ein freies Heim gebracht, aus dem ich wegen Bierverkonsumierens und vernachlässigter Arbeit wieder hinausgeworfen wurde.

Mittlerweile war ich 16 Jahre alt geworden und immer noch bestrebt, die Schule möglichst mit dem Abitur abzuschließen. Aus diesem Grund wechselte ich erneut Wohnort und Schule in der Hoffnung, dass es in anderer Umgebung leichter sein würde, nichts zu trinken. Das neue Internat befand sich in einer Garnisonsstadt, und die Anwesenheit von fast ausschließlich Soldaten machte es mir leicht, auch ohne Geld jeden Abend genug zu trinken zu ergattern. Es kam so weit, dass der Wirt meiner Stammkneipe für mich, wenn noch nichts los war, kostenlos Getränke wie Whisky ausschenkte, da ich am Abend den Umsatz ungeheuer ankurbeln konnte. Damit mir nichts passierte, wenn ich so gegen 3 oder 5 Uhr morgens nach Hause wollte, bezahlte er sogar meine Taxe oder er fuhr mich selbst heim. Dass das auf die Dauer nicht gut gehen konnte, war mir schon klar. Also verschwand ich nach vier Monaten und fuhr wieder nach Hamburg. (...)

Ich fing dann an zu arbeiten, konnte aber keine Stellung länger als vier bis acht Wochen halten, weil ich fast jeden Tag erst morgens betrunken nach Hause kam. Durch die ständige Arbeitslosigkeit und ebenso ständiges Trinken wurde vom Vormundschaftsgericht eine Verfügung erlassen, laut der mein Vormund die Freie und Hansestadt Hamburg wurde, und ich kam wieder in ein Heim. Nach einigen Monaten recht guter Führung bekam ich eine erneute Chance zu arbeiten, die ich aber nicht ausnutzte.

Kaum wieder in Freiheit, wurde ich morgens bewusstlos mit einer Alkoholvergiftung auf der Straße aufgelesen (...) Ich war jeden Tag betrunken, bis ich meinen Mann kennen lernte. Da er nicht trank, hatte ich den Vorsatz, ebenfalls überhaupt nichts mehr zu trinken. Nach einem Jahr Abstinenz fing alles wieder von vorne an. Ich trank zwar nicht wieder so häufig, aber wenn, dann auch bis zum Ende, d.h. bis zur Bewusstlosigkeit. Mit der Zeit mehrten sich die Gelegenheiten wieder. Ich brachte jeden noch so kleinen Streit als Vorwand vor, um mich sinnlos zu betrinken, woraus wieder Streit entstand, worauf ich trinken musste usw., usw. Es glich einer Katze, die sich in den Schwanz beißt: Jedes Mal hatte ich mir vorgenommen, nicht zu viel zu trinken und jedes Mal fing das ganze Thema von Neuem an.

Eines Tages konnte ich mich und mein widerwärtiges Benehmen nicht mehr ertragen und trank eine Flasche Weinbrand, mit der ich vierzig Schlaftabletten herunterspülte. Nach ungefähr einer Woche wachte ich im Krankenhaus schwer enttäuscht wieder auf. Ich hatte sicher geglaubt, dass nun alles vorbei sei, dass die Menge dieses Mal ausreicht und dass ich dieses Mal davonlaufen könnte.

Nach meiner Entlassung schob ich ab und zu eine Pause ein, in der ich nicht trank. Manchmal kam mir der Gedanke, dass an meinem Verhalten einiges nicht normal sei, jedoch wurde ich durch diese Pausen wieder davon abgebracht, denn ein Alkoholiker kann ja wohl nicht freiwillig eine ganze Woche lang auf seinen Schnaps verzichten. Oder?

Die trockenen Zeiten wurden immer kürzer und seltener. Unsere Ehe war so gut wie gescheitert, mit der Arbeit gab es Schwierigkeiten, ich steuerte auf meine Entlassung zu. Dann, eines Tages, war ich wieder betrunken. Als ich am nächsten Tag wieder klar denken konnte, diskutierte ich mit meinem Mann über alle meine „Schwierigkeiten". Ich legte ihm dar, wie schwer es für mich ist, im rechten Augenblick mit dem Trinken aufzuhören, was er alles falsch macht, was mein Chef für ein widerwärtiger Mensch ist, kurz, dass es so nicht weitergeht. Nach einigen Stunden des Gesprächs waren alle Hindernisse für mich beseitigt, ich wollte meine Stellung wechseln und wir hatten uns beide vorgenommen, alles besser zu machen. Vor allen Dingen war ich glücklich, weil ich endlich, endlich zu dem Entschluss gekommen war, nie wieder etwas Alkoholisches zu trinken.

Am nächsten Tag kam ich sternhagelvoll nach Hause. An diesem Tag noch folgte für mich der Zusammenbruch. Ich konnte keine Tasse mehr anheben, ich konnte meine Tränen nicht zurückhalten, ich weinte stundenlang, ohne es zu wollen. An diesem Tag gingen mir die Augen auf. Es war das erste Mal, dass ich Niemandem die Schuld an meinem Trinken geben konnte. Ich hatte nicht die kleinste Schwierigkeit als Ausrede, und so musste ich mir eingestehen, dass ich allein der „Schuldige" war.

Ich dachte an psychiatrische Behandlung, an Hypnose, an eine Kur. Aber alle diese Möglichkeiten schieden wegen zu langer Wartezeit aus, da zu diesem Zeitpunkt auch eine Woche schon zu lang gewesen wäre. Ich beriet mit meiner Mutter, was man sofort unternehmen könnte, und so kamen wir auf die AA. Am selben Abend noch telefonierte ich mit einer Freundin von AA und verabredete mich mit ihr für den nächsten Tag. Sie brachte allerhand Unterlagen mit, mit denen ich noch gar nichts anzufangen wusste. Sie hörte mir zu, erzählte ein wenig aus ihrer nassen Zeit und entsprach so gar nicht meiner Vorstellung von seelenrettender alter Jungfer, so dass ich schon einen Abend später mein erstes Meeting besuchte. (...) Die ersten drei, vier Mal erschienen mir diese Gruppengespräche nicht gerade „wirksam". Aber nach einiger Zeit stellte ich mit Erstaunen fest, dass sie mir fehlten, wenn ich mal keine Lust hatte, hinzugehen. (...) Seit meinem ersten Meeting habe ich keinen Tropfen Alkohol mehr getrunken, es sind heute genau 5 Monate und 29 Tage."
(© Anonyme Alkoholiker deutscher Sprache, 1993)

Pro-und-Contra-Spiel

Das Pro-und-Contra-Spiel ist eine Methode, mit der sich gegensätzliche Positionen zu einem Thema systematisch und vorurteilsfrei betrachten lassen.

Es werden zwei Gruppen gebildet. Jede Gruppe sammelt zunächst Pro-Argumente bzw. Contra-Argumente und visualisiert sie. Nach 15 - 20 Minuten wechseln die Gruppen ihre Positionen und schlüpfen in die Rolle der jeweiligen Gegenpartei. Sie ergänzen deren Argumente. Nach weiteren 10 Minuten kehrt jede Gruppe in ihre ursprüngliche Rolle zurück. Es folgt eine Pro-und-Contra-Diskussion, die von einer Auszubildenden oder der Ausbilderin moderiert wird.

Beispiele für Kontroversen innerhalb des Projektes „Jugendwohnheim", die sich für ein Pro-und-Contra-Spiel eignen

- Ist es ratsam, den ganzen Mittag und Nachmittag mit den Jugendlichen und den Gästen zusammen zu bleiben?
- Wollen wir mittags grillen?
- Sollen wir überwiegend Convenienceprodukte verwenden?

Fischgrät-Diagramm
(Ishikawa-Diagramm oder Ursache-Wirkung-Diagramm)

Diese Methode stammt aus dem Qualitätsmanagement und wird bei der Entwicklung des kontinuierlichen Verbesserungsprozesses eingesetzt. Sie eignet sich zur Ermittlung von Ursachen eines Problems.

Das Ausgangsproblem wird benannt. Um Anhaltspunkte dafür zu bekommen, wie man das Problem lösen kann, wird mit einer bestimmten Systematik nach den Ursachen gefragt. Die möglichen Ursachen werden unter folgenden Aspekten betrachtet:

- Mensch
- Maschine
- Milieu
- Methode
- Management
- Material

Die sechs Kriterien sind in einer Grafik fischgrätartig angeordnet, die einzelnen Kriterien werden von den Hauptgräten abgehend gezeichnet (daher der Name; der Erfinder dieser Methode war der Japaner Kaoru Ishikawa). Die jeweiligen Ideen gehen als Untergräten von den Hauptgräten ab.

Auch hier empfiehlt es sich, das Blatt in Querformat zu legen.

Beispiel für ein Fischgrät-Diagramm mit dem Problem: „Zeitplan wurde nicht eingehalten"

Eine Gruppe von Auszubildenden untersucht, warum sie den Zeitplan nicht eingehalten haben, den sie sich für eine Aufgabe erstellt hatten.

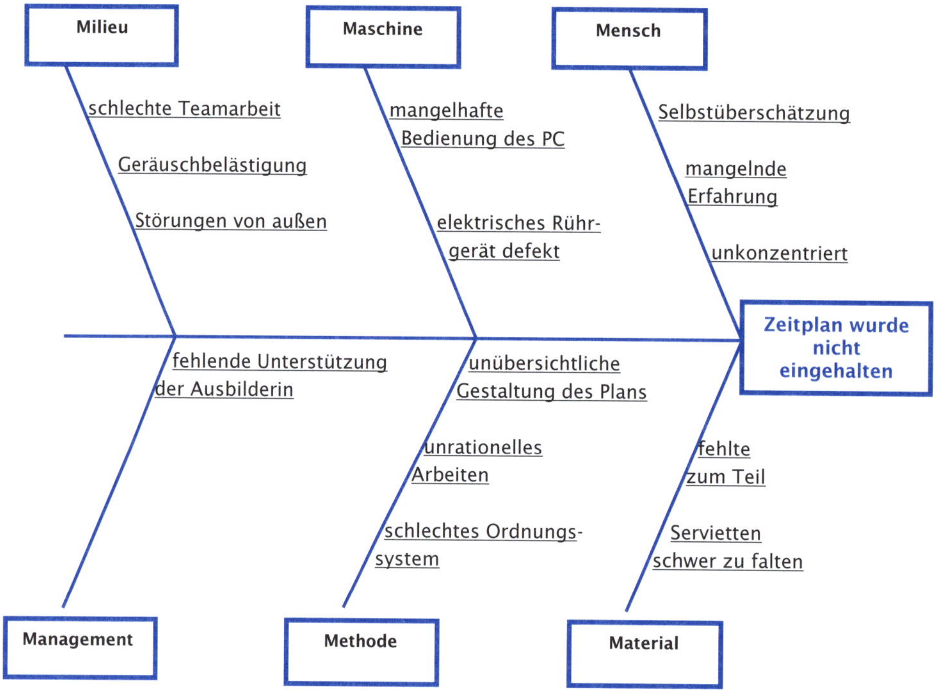

6-3-5-Methode (Brainwriting)

Die 6-3-5-Methode ist eine erweiterte Form des Brainstormings, mit der innerhalb kurzer Zeit sehr viele Lösungsideen gefunden werden können.

Sechs Teilnehmer erhalten alle jeweils ein DIN-A-4-Blatt mit einer Tabelle, die drei Spalten und sechs Zeilen enthält.

In der ersten Runde trägt jeder Teilnehmer in die erste Zeile drei Lösungsideen zum Problem ein. Zeit: eine Minute. Danach gibt jeder sein Formblatt im Uhrzeigersinn an den Nachbarn weiter.

In der zweiten Runde liest jeder zunächst die drei Ideen seines Vorgängers und entwickelt diese weiter oder lässt sich - durch diese angeregt- zu eigenen neuen Ideen inspirieren. Diese werden in der zweiten Zeile notiert. Zeit: zwei Minuten. Danach gibt jeder sein Formblatt wieder im Uhrzeigersinn an den Nachbarn weiter.

In der dritten Runde liest jeder wiederum die Ideen seiner Vorgänger und entwickelt diese weiter oder lässt sich - durch diese angeregt - zu eigenen neuen Ideen inspirieren. Diese werden in der dritten Zeile notiert. Zeit: drei Minuten. Dann wird das Formblatt wieder im Uhrzeigersinn an den Nachbarn weitergegeben.

Die vierte, fünfte und sechste Runde verlaufen genauso. Zeit: vier, bzw. fünf, bzw. sechs Minuten.Sollte innerhalb der vorgegebenen Zeit einmal ein Feld nicht ausgefüllt werden, so kann es einer der Nachfolger ausfüllen.

So sind von den sechs Teilnehmern die jeweiligen drei Ausgangsideen fünf mal auf verschiedene Weise bearbeitet worden (daher der Name 6-3-5; die Bezeichnung brainwriting leitet sich vom brainstorming ab).

Während dieser Kreativphase darf nicht gesprochen werden. Die Ideen können und sollen in alle Richtungen gehen, können realistisch oder ausgefallen sein.

Auf diese Weise sammelt die Gruppe innerhalb ca. 20 Minuten bis zu 108 Ideen. Die Methode kann je nach Teilnehmerzahl abgewandelt werden.

Nach der Kreativitätsphase werden die sechs DIN-A-4 Blätter an eine Metaplanwand gehängt, sodass in ca. 10 - 15 Minuten alle Teilnehmer alle Ideen lesen können. Danach nimmt sich jeder wieder sein erstes Blatt, wählt die drei für ihn besten Ideen aus und markiert sie rot. Diese Ideen – hier kann es auch Überschneidungen geben - werden visualisiert und diskutiert.

Beispiel für die 6-3-5-Methode

Problem:
Bei der Umsetzung der hauswirtschaftlichen Versorgungsleistungen haben die Auszubildenden vorgegebene Standards nicht eingehalten. Die Auszubildenden kennen zwar die Standards, setzen sie aber nicht immer um.

Zu bearbeitende Fragestellung:
Was muss getan werden, damit Standards, die bekannt sind, auch eingehalten werden?

Vier Auszubildende erarbeiten folgende Lösungsvorschläge.

Gute Mitarbeit	Gemeinsam miteinander reden	Standards müssen hilfreich sein
Jeder sollte sich der Wichtigkeit bewusst sein	Regelmäßige Überprüfung der Standards	Festen Standort der Standards
Arbeitskreis	Auswertung der Arbeit im Team	Mitarbeiter auch mal loben, wenn er gute Arbeit leistet
Zusammenarbeit	Regelmäßige Überprüfung der Standards	Standards schriftlich

Sinn und Zweck klären	Feste Absprachen treffen	Selbstkontrolle
Standards als Möglichkeit der Weiterbildung nutzen	Als Kritikmaßnahme meiner Arbeit sehen	Mitarbeiterschulung
Die Sache allen verständlich machen	Zufriedene Mitarbeiter	Hinweis auf Sicherheit im Arbeitsalltag
Controlling	Überprüfung zu festgelegten Zeiten	Probleme erkennen

Selbstkontrolle	Standards = Arbeitserleichterung	Für genügend Personal sorgen
Missverständnisse aufklären	Standards als Sicherheit der Handlungen sehen	Standards sorgen für einen guten Umgang miteinander
Kooperativ sein	Regelmäßige Überprüfung der Standards	Kontrolle
Probleme lösen	Ansprechpartner benennen	Standards selbst ausführen

Kollegen erneut an Standards erinnern	Zeigen, dass Standards auch Sicherheit bieten	Pflichtbewusstsein gegenüber dem Bewohner
Die Umsetzung muss nachvollziehbar sein	Standards müssen klar formuliert sein	Nachschulungen
Gute Zusammenarbeit	Verständnis für die Arbeit der anderen	Sein Wissen weitergeben
Freude und Bereitschaft zeigen für die Standards	Falls erforderlich nochmals und nochmals schulen	Bei Arbeitsbeginn konkret darauf hinweisen

Einsatzmöglichkeiten für die Methoden

Folgende Tabelle gibt einen Überblick, welche der beschriebenen Methoden welche Schlüsselqualifikationen besonders fördern können.
Die Projektmethode, die für alle Schlüsselqualifikationen optimal geeignet ist, wird in dieser Übersicht nicht gesondert aufgeführt.

Schlüsselkompetenz	Optimale Methoden
Denken in Zusammenhängen	Leittextmethode Mindmapping-Methode
Kreativität	Fischgrät-Diagramm 6-3-5-Methode
Problembewusstsein	Textarbeit mit Leitfragen Pro-und-Contra-Spiel
Verantwortungsbewusstsein	Leittextmethode Pro-und-Contra-Spiel
Zielgerichtetes Arbeiten	W -Fragen-Methode 6-3-5-Methode
Planungsfähigkeit	Mindmapping-Methode W-Fragen-Methode
Empathie	Einzeltextarbeit mit Leitfragen Pro-und-Contra-Spiel
Kommunikationsfähigkeit	Leittextmethode Pro-und-Contra-Spiel
Teamfähigkeit	Pro-und-Contra-Spiel Mindmapping-Methode
Toleranz	Einzeltextarbeit mit Leitfragen Pro-und-Contra-Spiel

So vertiefen Sie das Thema:

Erproben und bewerten Sie für verschiedene Aufgabenstellungen Methoden.
Informieren Sie sich über weitere Methoden.
Erstellen Sie sich eine Methodenkartei, auf die Sie in der täglichen Ausbildungspraxis schnell zurückgreifen können.
Diskutieren Sie Ihre Erfahrungen mit anderen Ausbilderinnen.

3.4.2 Darbietende Methoden

Mit darbietenden Methoden wird den Auszubildenden der Lernstoff „dargeboten". Die Auszubildenden können sich die Lerninhalte nicht selbstständig erarbeiten, sondern sie werden ihnen präsentiert. Anschließend setzen sie sie um. Diese Methoden sollten so wenig wie möglich eingesetzt werden, da sie die Handlungskompetenz nicht fördern und auch wenig bzw. keine Motivationskraft besitzen.

Filme

Filme dienen der Demonstration von Lerninhalten. Das Anschauen von Filmen macht nur Sinn, wenn es – ähnlich wie bei der handlungsorientierten Methode „Textarbeit mit Leitfragen" – mit konkreten Aufgabenstellungen verbunden wird. Entwickeln Sie also zu Filmen einen Fragenkatalog, mit dem die Auszubildenden den Inhalt vertiefen können.

Vorträge und Präsentationen

Auch beim Anhören von Vorträgen sind Auszubildende nur passiv. Dasselbe gilt für eine (Power-Point-)Präsentation, bei der ohne Unterbrechung ein Chart nach dem anderen präsentiert wird. Hier machen es sich die Auszubildenden eher bequem und schalten schnell ab.

Vier-Stufen-Methode

Aufbau der Vier-Stufen-Methode:

- Die Ausbilderin bereitet den Lernstoff vor (Stufe 1).
- Die Ausbilderin erklärt und/oder demonstriert (Stufe 2).
- Die Auszubildenden wiederholen den Vorgang unter Beobachtung der Ausbilderin (Stufe 3).
- Die Auszubildenden üben den Vorgang, bis er sich gefestigt hat (Stufe 4).

Diese Methode eignet sich z.B. gut für die Einweisung in den Umgang mit Geräten und Maschinen, und wird deshalb zu Beginn der Ausbildung noch gerne eingesetzt (Bedienung des Heißluftdämpfers, Umgang mit einer Einscheibenmaschine, Arbeiten an einer Bügelstation). Sie ist jedoch nicht dazu geeignet, Auszubildende zum selbstständigen Handeln zu führen.

So vertiefen Sie das Thema:

Erinnern Sie sich an Ihre eigene Ausbildungszeit. Welche Methoden herrschten bei Ihnen vor? Mit welchen Methoden haben Sie am meisten gelernt?

3.5 Moderation und Medien

3.5.1 Bedeutung von Lerngruppen

Gruppenarbeit fördert vor allem Methoden-, Sozial- und Personalkompetenz der Auszubildenden. Sie ist aber auch geeignet, Fachkompetenz zu erwerben.

Bevor Auszubildende in Gruppen arbeiten, sollten Sie mit ihnen die Grundregeln für Gruppenarbeit besprechen:

- die Gruppe kennt keine Herrscher, jeder erkennt den anderen als gleichwertigen Partner an
- jedes Gruppenmitglied ist für das Ergebnis verantwortlich
- jeder ist gegenüber der Gruppe für die von ihm übernommenen Aufgaben verantwortlich
- jeder darf und soll seine Meinung frei äußern
- jeder lässt den gerade Sprechenden ausreden
- jedes Gruppenmitglied akzeptiert die Meinung des anderen
- geäußerte Kritik ist konstruktiv und darf keine persönlichen Angriffe enthalten
- Gruppenmitglieder, die Lernbedarf haben, werden durch andere Gruppenmitglieder informiert

(vgl. Materialien für Lernfelder, Niedersächsisches Kultusministerium, 2001).

Für die Einteilung von Lerngruppen gibt es drei Varianten:

- Bildung einer heterogenen Gruppe (Gruppenmitglieder haben einen unterschiedlichen Leistungsstand)
- Bildung eine homogenen Gruppe (Gruppenmitglieder sind in etwa auf dem gleichen Stand)
- Bildung von Zufallsgruppen

So vertiefen Sie das Thema:

Überlegen Sie, welche Vor- und Nachteile die drei Varianten der Gruppenbildung jeweils haben.

Wenn vier Gruppen denselben Lernauftrag erhalten, können Sie als Ausbilderin sicher sein, dass es vier unterschiedliche Wege und Ergebnisse geben wird. Und alle vier Wege und Ergebnisse können richtig sein. Erwarten Sie also als Ergebnis einer Gruppenarbeit nicht „Ihre Vorstellung“, sondern lassen Sie sich auf die verschiedenen Ausarbeitungen der Auszubildenden ein. Zu einer Gruppenarbeit gehört auch – wie zu jeder Ausbildungssituation – ein Feedback. Hier werden die Ergebnisse gemeinsam bewertet: zunächst von der Gruppe, dann von Ihnen als Ausbilderin.

Grundsätzlich durchlaufen Gruppen vier Phasen der Gruppendynamik. Dies gilt genauso für Gruppen von Auszubildenden:

- Die Orientierungsphase (Formierungsphase):
  kennen lernen; Tuchfühlung aufnehmen; sich gegenseitig ein- und abschätzen; Unsicherheiten überwinden
- Differenzierungsphase (Sturmphase):
  seine Position suchen; Cliquenbildung; austesten, wie weit man gehen kann; verschiedene Gruppenrollen ausbilden
- Integrationsphase (Normierungsphase):
  gemeinsame Spielregeln akzeptieren; Bereitschaft, am gemeinsamen Auftrag zu arbeiten; eigene Gruppenrolle und die Gruppenrollen der übrigen Mitglieder anerkennen; „Wir-Gefühl" entwickeln
- Arbeitsphase (Reifephase):
  Die Gruppe ist erwachsen geworden: Sie arbeitet ziel- und ergebnisorientiert zusammen.

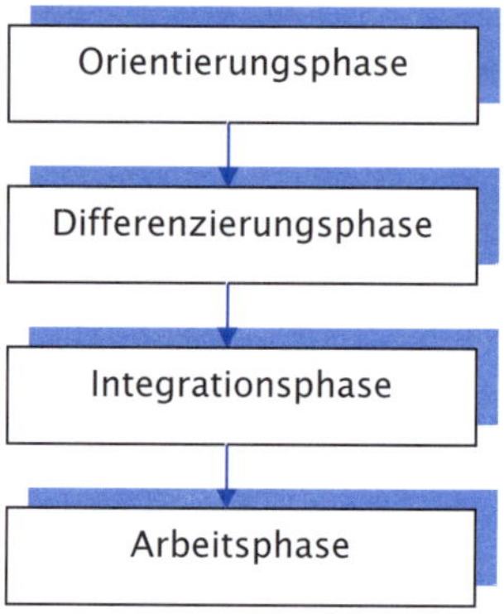

Auch wenn die Gruppe keinen Herrscher kennt und jeder den anderen als gleichwertigen Partner anerkennen soll (s. oben: Grundregeln für Gruppenarbeit), bilden sich in der Differenzierungsphase typische Gruppenrollen heraus. Diese hat der österreichische Psychologe und Spezialist für Gruppendynamik Raoul Schindler in vier verschiedene Rollentypen eingeteilt:

- Das Alpha-Mitglied beansprucht die Führung in der Gruppe.
- Das Beta-Mitglied ist fachlicher Spezialist.
- Das Gamma-Mitglied arbeitet fleißig.
- Das Omega-Mitglied ist der Sündenbock, wenn etwas schief geht.

Zu jeder Gruppe gehören Konflikte. Wenn Auszubildende ihre Konflikte untereinander lösen, fördert dies die Sozial- und Personalkompetenzen der Mitglieder, also ein durchaus gewollter Lerneffekt.

Als Ausbilderin beobachten Sie zunächst einen Konflikt und greifen nur ein, wenn er eskaliert und die Gruppe arbeitsunfähig macht (siehe dazu auch das Kapitel „Das Konfliktgespräch" im Handlungsfeld 5).

3.5.2 Aufgaben einer Moderatorin

Aufgabe einer Ausbilderin als Lernbegleiterin ist es, Ausbildungssituationen zu moderieren. Damit diese erfolgreich und zielgerichtet ablaufen können, machen Sie sich mit den Aufgaben einer Moderatorin vertraut.

Schaffen Sie gute äußere Rahmenbedingungen.
Einen großen Teil dieser Aufgaben delegieren Sie, aber Sie tragen die Verantwortung dafür, dass die Rahmenbedingungen stimmen:

- allen Teilnehmern rechtzeitig Ort, Zeitraum, Thema und Anlass der Veranstaltung bekannt geben
- den Raum dem Anlass entsprechend vorbereiten: Bestuhlung (z. B. Kreis, U-Form, mit Tischen oder ohne), Größe passend zur Gruppe und zu den geplanten Aktivitäten, Lehr- und Arbeitsmittel
- Pausen festlegen, Pausengetränke und Verpflegung klären
- für gute Belichtung und gute Beleuchtung sorgen
- dafür sorgen, dass die Veranstaltung nicht gestört wird

Bereiten Sie Methoden vor:

- Sie erstellen einen Plan, in dem Sie Inhalte, Ziele und Methoden festlegen (siehe S. 139)

Ordern Sie notwendiges Moderationsmaterial, Lehr- und Arbeitsmittel:

- Moderationswand mit Bespannung und Pinnnadeln, Moderationskarten in verschiedenen Formen und Farben, Krepp-Klebeband, Klebepunkte, Schere
- Flipchart mit Flipchartpapier
- Keilstifte zum Beschriften von Karten, Moderationswand, Wandzeitungen und Flipchart
- Overheadprojektor, vorbereitete Folien und Blanco-Folien, Folienstifte, Projektionswand (Leinwand oder weiße Wand ohne Möbel und Bilder)
- Beamer und Notebook
- Materialien je nach Thema (Lebensmittel, Geräte, Schutzhandschuhe, Handbücher, Fachliteratur usw.)

Prüfen Sie, ob das Material vollständig und funktionstüchtig ist. Eine inhaltlich gut vorbereitete Ausbildungssituation kann leicht scheitern, wenn das Material versagt.

- Haben Sie genügend Moderationskarten, -wände, Pinnnadeln, Flipchartpapier, Stifte und andere Materialien?
- Sind die Stifte gefüllt?
- Sind Folien gut lesbar?
- Haben alle einen guten Blick auf die Leinwand, Flipchart und Pinnwand? Gibt es Verdunkelungsmöglichkeiten?
- Funktioniert der Beamer?
- Haben Sie selbst genügend Aktionsraum?

Begrüßen Sie die Auszubildenden:

- visuell mit einem Begrüßungsplakat
- eventuell persönlich vor der Veranstaltung
- offiziell bei Beginn der Ausbildungssituation

Begrüßung ist nicht nur eine Form der Höflichkeit, sondern die erste Chance, eine angenehme Lernatmosphäre zu schaffen.

Thema und Zeitplan vorstellen:

- Grobplanung visualisieren
- Pausenregelungen klären

Legen Sie gemeinsam Spielregeln fest. Sie erleichtern ein ungestörtes Arbeiten. Das können z. B. folgende Regeln sein:

- Handy abschalten
- Kaugummi herausnehmen
- Andere immer aussprechen lassen
- Killerphrasen vermeiden (visualisieren und während der Ausbildungssituation immer sichtbar stehen lassen)
- Fragen stellen

Killerphrasen, die wir vermeiden wollen...

- *Das war früher vielleicht mal so ...*
- *Das kann überhaupt nicht funktionieren ...*
- *Das ist ätzend ...*
- *Das kannst Du knicken ...*
- *Das haben wir schon mal probiert ...*
- *Ja, aber ...*
- *Das ist uncool ...*
- *Das ist zu schwer ...*
- *Das brauchen wir erst gar nicht zu versuchen ...*
- *Sie haben ja keine Ahnung ...*
- *Da könnte ja jeder kommen ...*
- *Das bringt doch nichts ...*
- *Quatsch...*

Regen Sie Diskussionen mit offenen Fragen an:

- Offene Fragen beginnen mit den W-Frageworten. Die Auszubildenden werden angeregt, in ganzen Sätzen und ausführlich zu antworten.
- Die Frageworte „wieso", „weshalb", „warum" bewirken beim Gegenüber eher eine Abwehrhaltung oder das Gefühl, sich verteidigen zu müssen. Sie sind eher negativ besetzt.
  Statt: „Warum ist es Ihnen nicht gelungen, dass..",
  besser: „Wie kam es dazu, dass ...",
  oder: „Welche Gründe könnte es geben, dass..."
- Geschlossene Fragen beginnen mit Verben und lassen in der Regel nur kurze Antworten zu.
  „Haben Sie die Hygieneregeln eingehalten?"
  „Ist der Wärmewagen eingeschaltet?"

Frageformen

Offene Fragen	*Geschlossene Fragen*
Wer...?	*Haben...?*
Wie...?	*Sind...?*
Auf welche Art...?	*Ist...?*
Wodurch...?	*Kochen Sie...?*
Womit...?	*Sprechen Sie...?*
Worauf...?	*Vermeiden Sie...?*

So vertiefen Sie das Thema:

Stellen Sie einem Gegenüber offene und geschlossene Fragen. Bewerten Sie die Aussagefähigkeit der Antworten.
Testen Sie dabei auch die Frageworte „wieso, weshalb, warum". Welche Gefühle hatte Ihr Gegenüber dabei?
Überlegen Sie gemeinsam, wann es sinnvoll sein kann, geschlossene Fragen einzusetzen.

Hören Sie aktiv zu. Die Auszubildenden sollen spüren, dass Sie an ihren Antworten und Diskussionsbeiträgen interessiert sind. Aktiv zuhören bedeutet:

- Blickkontakt halten
- Rückmeldung geben
- den anderen ausreden lassen
- Mimik und Gestik bewusst einsetzen
- Kopfnicken
- aufmerksame Körperhaltung
- Gesichtsausdruck dem Gesprächsanlass entsprechend

Bleiben Sie neutral und sachlich:

- keine Auszubildende bevorzugen
- Bewertung einer Situation/eines Ergebnisses immer sachlich, nicht persönlich

Achten Sie darauf, dass alle Auszubildenden zu Wort kommen:

- Die Auszubildenden, die sich an der Diskussion nicht beteiligen, fordern Sie persönlich auf: „Nicole, wie denken Sie darüber...?
- Für Präsentationen von Gruppenarbeiten legen Sie die Regel fest, dass jeder einmal präsentieren muss.

Fassen Sie Ergebnisse zusammen:

- Zwischenergebnisse nach kleineren Einheiten
- Abschlussbewertung

Bitten Sie die Auszubildenden um ein Feedback:

- Erst nach einem Feedback können Sie die Ausbildungssituation insgesamt bewerten.
- Durch ein Feedback fühlen sich die Auszubildenden ernst genommen.
- Ein Feedback bildet nach dem Modell der vollständigen Handlung für Sie selbst einen wichtigen Mosaikstein bei dem Schritt „Wie bewerte ich meine Ausbildungssituation?“

So vertiefen Sie das Thema:

Beobachten Sie bei Moderationseinheiten in Ihrer Lerngruppe, ob die Moderatorin das nötige Handwerkszeug beherrscht und einsetzt. Machen Sie sich gegenseitig sachlich – nicht persönlich – auf Schwachstellen aufmerksam.

3.5.3 Regeln für das Beschriften von Moderationskarten

Damit für alle Teilnehmer einer Gruppe die Moderationskarten gut lesbar sind, gibt es einige Grundregeln für die Beschriftung von Moderationskarten:

- auf die Karten Stichworte schreiben, keine Sätze
- höchstens zwei Zeilen pro Karte schreiben
- in Druckbuchstaben schreiben
- Groß- und Kleinschreibung einsetzen
- Stift mit Keilspitze verwenden

Die verschiedenen Formen und Farben der Moderationskarten nutzen Sie, um Inhalte optisch zu strukturieren.

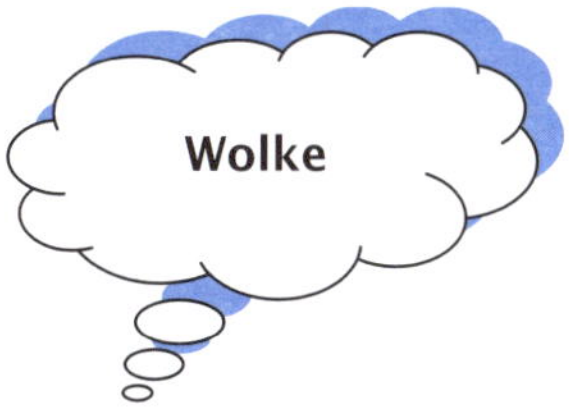

gut geeignet für Überschriften

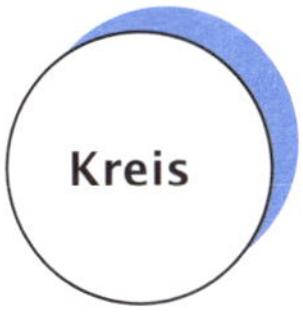

gut geeignet für Nummerierungen

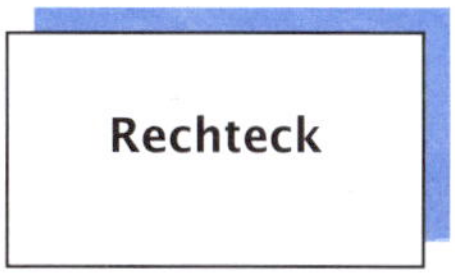

gut geeignet für Inhalte/Fakten

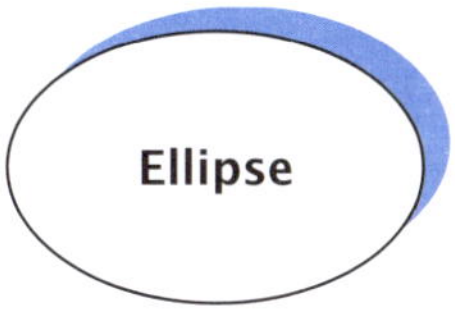

gut geeignet für
Gruppen bilden (clustern)

3.5.4 Beispiel für die Gestaltung einer Moderationswand

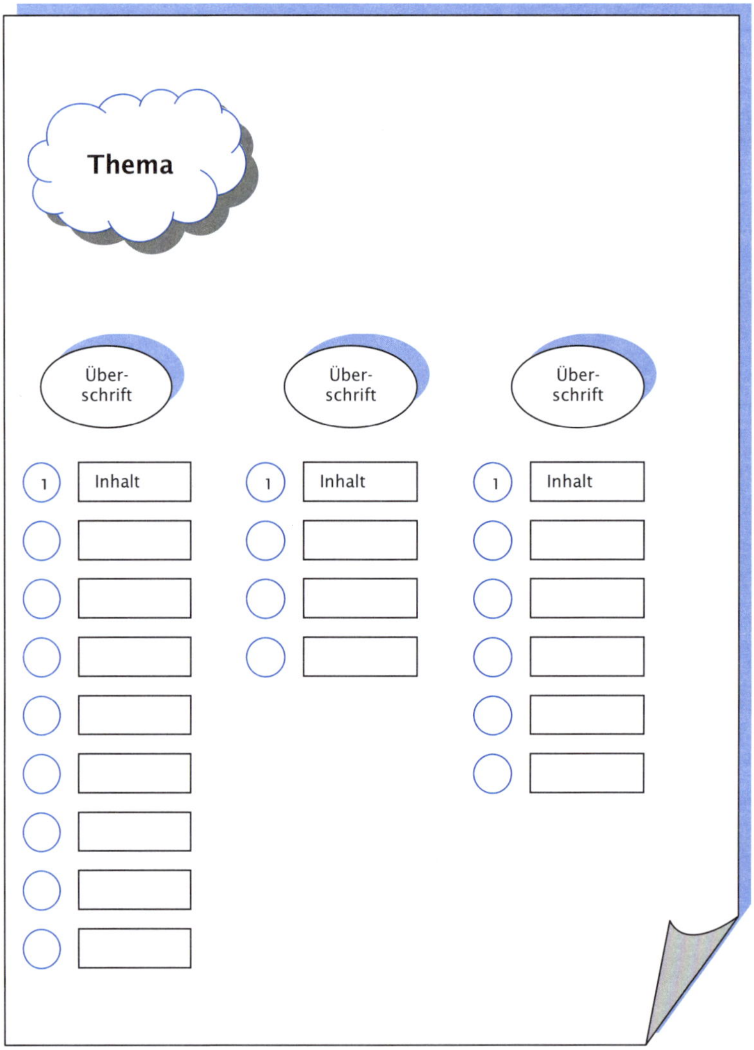

So vertiefen Sie das Thema:

Experimentieren Sie an einer Moderationswand mit Farben und Formen. Betrachten Sie auch immer die Wirkung der Wand mit etwas räumlichem Abstand.
Planen Sie Ihre nächste Präsentation mit dieser visuellen Unterstützung.

3.5.5 Regeln zur Gestaltung und Verwendung von Folien und Charts

Gestaltung von Folien und Charts

- kurze, knappe Formulierungen
- nur *eine* Schriftart verwenden
- Schriftgröße mindestens *18 Pt.*
- nur *zwei bis drei* verschiedene Formatierungen verwenden
- höchstens *sieben* Fakten
- nur *ein* Thema pro Folie behandeln
- Folie nicht mit Informationen überfrachten

Bevor Sie bei einer Ausbildungssituation Folien einsetzen oder mit Beamer arbeiten,

- prüfen Sie die Einstellung des Overheadprojektors bzw. des Beamers
- betrachten Sie die Wirkung der Folien von dem Teilnehmerplatz aus, der am weitesten entfernt ist
- und vergewissern Sie sich, dass eine Ersatzbirne für den Overheadprojektor vorhanden ist.

Überfrachten Sie eine Ausbildungssituation nicht mit zu vielen Folien. Sie sind eher ein totes Medium, die Auszubildenden können nicht aktiv mitgestalten (s. S. 126).

3.5.6 Regeln für das Sprechen vor Gruppen

- Laut und deutlich sprechen: Auch die Teilnehmer in der letzten Reihe müssen Sie noch verstehen
- Dynamisch sprechen: Folgen Sie der natürlichen Melodie der Stimme, d. h. Stimme senken und heben.
- Sprechpausen einlegen: Was Sie sagen, muss auch verarbeitet werden können
- Bandwurmsätze vermeiden: Sie erschweren die Aufnahmefähigkeit
- Nur die nötigsten Fremdwörter verwenden (Fachausdrücke)
- In Umgangssprache sprechen, Schriftdeutsch vermeiden
- Auszubildende mit Namen ansprechen

3.6 Planung einer Ausbildungssituation

3.6.1 Beispiel 1: 45-minütige Ausbildungssituation

Wenn Sie als zukünftige Ausbilderin Ihre berufs- und arbeitspädagogische Eignung in der Prüfung nach der Ausbildereignungs-Verordnung (AEVO) nachweisen, führen Sie im praktischen Teil eine Ausbildungssituation durch.

§ 4 AEVO Nachweis der Eignung: „(4) Im Bereich der Landwirtschaft und im Bereich der Hauswirtschaft besteht der praktische Teil aus der Durchführung einer vom Prüfungsteilnehmer in Abstimmung mit dem Prüfungsausschuss auszuwählenden Ausbildungssituation und einem Fachgespräch, in dem die Auswahl und Gestaltung der Ausbildungssituation zu begründen sind. Die Prüfung im praktischen Teil soll höchstens 60 Minuten dauern."

Im Folgenden wird ein Beispiel für die Planung und Durchführung einer 45-minütigen Ausbildungssituation dargestellt.

Ausbildungssituation:
Reinigung eines Gästezimmers in einem Tagungshaus

Didaktische Analyse

Auszubildende: Eine 17-jährige Auszubildende im 1. Monat des 1. Ausbildungsjahrs mit nur geringen Vorkenntnissen (ein 1-wöchiges Praktikum)

Ausbildungsort: Zimmer in einem Tagungshaus (in dieser Ausbildungssituation wird aus Zeitgründen nur das Zimmer gereinigt, keine Nasszelle)

Richtziel:
- Die Auszubildende kann selbstständig Gästezimmer reinigen.

Grobziele:
- Sie kennt Reinigungsmittel für Oberflächen und Fußböden und kann sie fachgerecht einsetzen.
- Sie kennt Reinigungstechniken für die Oberflächen- und Bodenreinigung.
- Sie kennt den Qualitätsanspruch der Gäste an die Zimmerreinigung.

Feinziele:
- Sie weiß, wie ein Reinigungswagen bestückt sein muss.
- Sie kann Reinigungs-Chemie fachgerecht einsetzen.
- Sie kennt das 4-Farben-System der Reinigungstücher.
- Sie kennt den Standard für die Zimmerreinigung.

Lernpsychologische Lernbereiche:
- Kognitiver Lernbereich: Erwerb von Fachwissen über Reinigungsmaterial und Reinigungsabläufe
- Psychomotorischer Lernbereich: Arbeiten mit Reinigungstüchern und Wischbezügen, ergonomische Bewegungsabläufe
- Affektiver Lernbereich: Verantwortungsvoller Umgang mit Reinigungsmaterial, sorgfältiger Umgang mit dem Eigentum des Tagungshauses, Verständnis für den Qualitätsanspruch der Gäste

Methodenauswahl und Begründung

Die Ausbildungssituation wird nach dem Modell der vollständigen Handlung durchgeführt. Die Ausbilderin gibt Impulse als Lernbegleiterin, die Auszubildende eignet sich ihre Fähigkeiten und Kenntnisse durch selbstständige Überlegungen und Handlungen an.
Sie durchläuft dabei die Phasen

- Informieren
- Planen
- Entscheiden
- Durchführen
- Kontrollieren
- Bewerten

Dieses Modell fördert in einem hohen Maß die Selbstständigkeit der Auszubildenden. Dies wiederum motiviert die Auszubildende und weckt bzw. steigert das Interesse am Ausbildungsberuf Hauswirtschafterin.

Das Modell der vollständigen Handlung erfordert von der Ausbilderin eine sorgfältige Planung. Sie muss für jede Phase Impulse und Lernmaterial bereithalten.

Durchführung der Ausbildungssituation

- **1. Phase: Informieren (10 Minuten)**

Vorbereitung:
Vor dem Zimmer steht der bestückte Reinigungswagen, auf dem Tisch im Zimmer liegen Reinigungsdokumente: Arbeitsanweisung „Zimmerreinigung", Reinigungsplan, Arbeitsanweisung „Falten von Reinigungstüchern"

Impuls durch die Ausbilderin/Fragen an die Auszubildende:

- Welche Reinigungs- und Arbeitsmittel stehen auf dem Wagen?
- Wofür könnten sie jeweils eingesetzt werden?
- Was muss im Zimmer gereinigt werden?
- Was kann man dem Reinigungsplan entnehmen?

Aktion der Auszubildenden:

- Sie macht sich mit den Reinigungs- und Arbeitsmitteln auf dem Reinigungswagen vertraut.
- Sie schaut sich den Reinigungsplan an und kann erkennen, dass die notwendigen Arbeitsmittel vorhanden sind.
- Sie schaut sich die Gegenstände im Zimmer an und kann erkennen, dass sie auf dem Reinigungsplan verzeichnet sind.

- **2. Phase: Planen (10 Minuten)**

Impuls durch die Ausbilderin/Fragen an die Auszubildende:

- In welcher Reihenfolge könnte man vorgehen, wenn man ein Zimmer rationell (zeitsparend und ergonomisch) reinigen will?
- Aufforderung an die Auszubildende, mit der Arbeitsanweisung „Zimmerreinigung" durch den Raum zu gehen und die einzelnen Schritte der Zimmerreinigung zu benennen.

Aktion der Auszubildenden:
- Sie macht sich mit der Arbeitsanweisung „Zimmerreinigung" vertraut, indem sie durch das Zimmer geht und die Gegenstände und Reihenfolge benennt.

- **3. Phase: Entscheiden (5 Minuten)**

Impuls durch die Ausbilderin:
- Womit müssen Sie beginnen, wenn Sie jetzt das Zimmer reinigen möchten? Welche Schritte folgen danach?

Aktion der Auszubildenden:
- Auszubildende benennt mögliche Reihenfolgen und entscheidet sich für eine davon.

Impuls durch die Ausbilderin:
- Nur falls die Reihenfolge nicht fachgerecht ist, fragt sie nach den Gründen für diese Entscheidung.

- **4. Phase: Durchführen (10 Minuten)**

Auszubildende reinigt das Zimmer.
Ausbilderin beobachtet und greift nur ein, wenn der Auszubildenden schwerwiegende Fehler unterlaufen.

- **5. Phase: Kontrollieren (5 Minuten)**

Impuls durch die Ausbilderin:
- Aufforderung, mit der Arbeitsanweisung „Zimmerreinigung" in der Hand durch den Raum zu gehen und die Abläufe und das Reinigungsergebnis selbst zu kontrollieren.
- Aufforderung, die Ordnung auf dem Reinigungswagen zu kontrollieren.

Aktion der Auszubildenden:
- Auszubildende prüft, ob sie alles bedacht hat.

- **6. Phase: Bewerten (5 Minuten)**

Impuls durch die Ausbilderin:
- Stellen Sie sich vor, Sie kommen als Gast in dieses Zimmer. Wie gefällt es Ihnen?
- Was ist Ihnen gut gelungen?
- Was werden Sie beim nächsten Mal anders machen?

Aktion der Auszubildenden:
- Sie gibt eine Selbstbewertung ab.

Aktion der Ausbilderin:
- Sie gibt ihre fachliche Bewertung ab, hebt gut Gelungenes hervor, weist auf Verbesserungsmöglichkeiten hin.

3.6.2 Beispiel 2: Zweitägiges Seminar für Auszubildende

Für die Grobplanung eines Seminars bietet sich die W-Fragen-Methode an (s. S. 116).

Thema des Seminars:
Personenorientierte Gesprächsführung (Berufsbildposition 5.1)

Grobplanung des Seminars

Wozu?	**Lernziel**	〉 Die Auszubildenden kennen die Grundformen der Kommunikation. 〉 Sie können Kundengespräche führen. 〉 Sie wissen, wie Kommunikationsprobleme entstehen und können sachlich reagieren.
Was?	**Inhalte**	〉 Verbale und non-verbale Kommunikation 〉 Sender-Empfänger-Modell 〉 Du-Botschaften – Ich-Botschaften 〉 Kommunikationsprobleme im Berufsalltag 〉 Übungen
Wer?	**Zielgruppe**	6 Auszubildende im 2. Ausbildungsjahr
Wann?	**Zeitpunkt**	15. und 16.08., jeweils 9.00 – 17.00 Uhr
Wo?	**Ort**	Seminarraum (Theorie) und Cafeteria (Praxis)
Durch wen?	**Moderator**	Ausbilderin
Wie?	**Methode**	Gruppenarbeit, Einzelarbeit, Theorie-Input, Leittext, Mindmap, Brainstorming, Rollenspiele

Feinplanung

In der Feinplanung,

- legen Sie für die Lerninhalte Methoden fest, mit denen Sie die Lernziele erreichen können. (Dabei hilft Ihnen das Methodenrepertoire aus dem Kapitel „Ausgewählte handlungsorientierte Ausbildungsmethoden".)
- entwickeln Sie eine Struktur für die 2-tägige Veranstaltung
- legen Sie Methoden zur Lernerfolgskontrolle fest.

Dabei bedenken Sie, dass die Auszubildenden sich die Inhalte nach dem Modell der vollständigen Handlung weitestgehend selbst erarbeiten sollen und Sie selbst als Moderatorin lediglich Impulse geben, sich dann zurückziehen und schließlich die Arbeit mit den Auszubildenden gemeinsam bewerten.

1. Tag

Uhr-zeit	Inhalt	Feinziel	Methode	Medien
9.00 - 10.30	Begrüßung, Vorstellung des Themas, Spielregeln aufstellen Was ist Kommunikation?	Auf Thema einstimmen Erfahrungen mit Kommunikation bewusst machen	 Brainstorming	 Karten, Moderationswand
11.00 - 12.30	Verbale Kommunikation	Wirkung von Stimme und Wortwahl kennen	Theorie-Input Rollenspiel	Flipchart
13.30 - 15.00	Non-verbale Kommunikation	Wirkung von Mimik und Gestik kennen	Interpretation einer Loriot-Karikatur Diskussion Übungen	Karikatur in Plakatgröße
15.30 - 17.00	Sender-Empfänger-Modell: die vier Seiten einer Botschaft	Die vier Seiten unterscheiden können	Theorie-Input Übungen mit Rollenspiel	Moderationswand

2. Tag

Uhr-zeit	Inhalt	Feinziel	Methode	Medien
9.00 - 10.30 11.00 - 12.30	Du-Botschaft Ich-Botschaft Kommunikationsprobleme im Berufsalltag	Unterschiedliche Wirkung kennen Ursachen kennen	Einzeltextarbeit mit Leitfragen Diskussion Interview Diskussion	Kopien Flipchart
13.30 - 15.00	Praxisteil: Gespräche führen bei einem Seniorennachmittag	Erlerntes erproben	Gespräche führen Protokoll führen	
15.30 - 17.00	Auswertung des Praxisteils Ausblick auf die aufbauende Ausbildungssituation mit dem Thema „Konflikt-bewältigung“	Inhalte festigen Lernerfolg sichern	Berichte der Auszubildenden Bewertung ihrer Erfahrungen	Moderationswand

3.7 Unterstützung bei Lernschwierigkeiten

Bei Lernschwierigkeiten prüfen Sie als Ausbilderin:

- Kennt die Auszubildende die für sie richtigen Methoden und Lerntechniken und wendet sie sie an?
- Braucht sie in einigen Bereichen speziellen Förderunterricht?
- Ist der Ausbildungsplan so gestaltet, dass der Einsatz an den verschiedenen Lernorten nicht zu lange dauert? Sind die Aufgaben abwechslungsreich?
- Kritisiert die Ausbilderin objektiv?
- Ist die Auszubildende durch private Probleme abgelenkt?

Verhaltensauffälligkeiten wie

- Sucht
- Depression
- Angstzustände
- Kriminalität

gehören in die Hände von Fachleuten oder Selbsthilfegruppen. Ihre Aufgabe als Ausbilderin ist es, diese Verhaltensauffälligkeiten bei der Auszubildenden anzusprechen und auf externe Hilfsangebote zu verweisen.

Verhaltensauffälligkeiten wie

- Unlust, Null-Bock-Mentalität
- Unfreundlichkeit gegenüber Mitarbeitern und Kunden
- Schule schwänzen
- Lügen

besprechen Sie im Vier-Augen-Gespräch. Es empfiehlt sich, mit offenen Fragen zu arbeiten. Bieten Sie der Auszubildenden an, gemeinsam nach Lösungen zu suchen.

Beispiele für offene Fragen beim Problem „Schule schwänzen“:

- Was hat Sie veranlasst, gestern den Berufsschulunterricht zu schwänzen?
- Welche Konsequenzen könnte das für Sie haben?
- Was muss sich ändern, damit Sie nicht wieder schwänzen?
- Mit welchen Schwierigkeiten haben Sie im Moment zu kämpfen?
- Wie können ich und/oder die Berufsschullehrerin Sie unterstützen?

Solche Vier-Augen-Gespräche sollten mit einer konkreten Vereinbarung enden, z. B.
„Wenn die Auszubildende demnächst wieder Angst hat, wegen einer bevorstehenden Klassenarbeit in die Schule zu gehen, bespricht sie ihre Lerndefizite mit der Ausbilderin.“
(siehe auch Handlungsfeld 5 „Mitarbeiterführung und Zusammenarbeit im Betrieb.)

(s. auch Kapitel „Soziale und persönliche Entwicklung von Auszubildenden“)

3.8 Förderung bei besonderer Begabung

Auszubildende mit besonderer Begabung können und sollten speziell gefördert werden. Hier stehen grundsätzlich zwei Möglichkeiten der Förderung zur Verfügung:

- Vorzeitige Zulassung zur Abschlussprüfung
- Angebot von Zusatzqualifikationen

Die vorzeitige Zulassung zur Abschlussprüfung ist möglich, wenn Auszubildende besondere Leistungen zeigen. Dies ermöglicht § 45 Abs. 1 BBiG.

> **§ 45 BBiG**
>
> (1) „Auszubildende können nach Anhörung der Ausbildenden und der Berufsschule vor Ablauf ihrer Ausbildungszeit zur Abschlussprüfung zugelassen werden, wenn ihre Leistungen dies rechtfertigen.“

So können hervorragende Auszubildende schnelleren Zugang zu Fort- und Weiterbildungen oder zu einem Studium erhalten. Denn im Berufszweig Hauswirtschaft ist es bis heute noch nicht möglich, wie in manchen anderen Berufen gleichzeitig mit der Ausbildung Zusatzqualifikationen mit staatlichen Abschlüssen (z. B. über duale Studiengänge) zu erwerben.

Zusatzqualifikationen ohne staatliche Abschlüsse sind natürlich jederzeit möglich. Sehr gute Auszubildende werden motiviert, wenn sie schon während der Ausbildung an internen und/oder externen Seminaren und Weiterbildungsmodulen teilnehmen können.

Hier bieten sich zahlreiche Themen an, z. B.:

- Europäischer Computerführerschein
- Qualitätsmanagement
- Hygienemanagement
- Ernährungsberatung
- Grundlagen der Betriebswirtschaft
- Fremdsprachen

Auch die Teilnahme an Qualitätszirkeln oder ausgesuchte Aufgaben im Qualitätsmanagement sind für besonders begabte Auszubildende zur Förderung geeignet. Schließlich können solche Auszubildende zeitlich begrenzt vertretungsweise Leitungsaufgaben in der Hauswirtschaft übernehmen.

Weitere Informationen zur Förderung finden Sie auf der Internetseite www.ausbildungplus.de, die vom Bundesinstitut für Berufsbildung (BIBB) betrieben wird.

3.9 Soziale und persönliche Entwicklung von Auszubildenden

Auszubildende stehen als Jugendliche an der Schwelle zum Erwachsenen. Die Pubertät liegt in aller Regel im Alter von ca. 17 Jahren hinter ihnen, aber in die Erwachsenenwelt sind sie noch nicht vollständig vorgedrungen.

Diese Entwicklungsphase (Sozialisationsphase) eines Menschen fällt in die Zeit der betrieblichen Ausbildung. Orte/Institutionen der vorherigen Sozialisation waren:

- Elternhaus
- Schule
- Freundeskreis
- Medien
- Vereine
- eventuell Kirchen

An die Stelle der Schule treten nun der Ausbildungsbetrieb und die Berufsschule. Damit verändert sich auch die Wichtigkeit und der Einfluss der anderen Bereiche:

- Durch ein eigenes Einkommen erlangen Auszubildende eine relative Unabhängigkeit vom Elternhaus.
- Der Freundeskreis verändert sich: Einige studieren, andere absolvieren eine Ausbildung in anderen Berufen, sodass man sich entfremdet; aber durch die Ausbildungssituation kommen auch neue Freunde hinzu.
- Medien, vor allen Dingen das Internet, sind frei zugänglich.
- Aktivitäten und ehrenamtliche Arbeit in Vereinen und/oder Kirche treten während der Ausbildung meist in den Hintergrund, insbesondere, wenn der Eintritt ins Berufsleben mit einem Ortswechsel verbunden ist.

Diese Ablösung und das Hineinwachsen in etwas Neues verursacht bei Auszubildenden „Stress“. Als Ausbilderin nehmen Sie Einfluss auf diese neue Situation und können dazu beitragen, dass dieser „Stress“ so gering wie möglich ausfällt. Vollständig verhindern können Sie ihn letztlich nicht.

So vertiefen Sie das Thema:

Erinnern Sie sich an die Zeit, als Sie selbst Ihre Ausbildung begonnen haben. Wie hat sich in dieser Zeit Ihr Verhältnis zur Familie, zu den Freunden, zu den Medien und Vereinen verändert?
Welche Rolle spielte dabei Ihre Entscheidung für einen hauswirtschaftlichen Beruf?

Wie Sie als Ausbilderin den Auszubildenden den Eintritt ins Berufsleben erleichtern und damit den „Praxisschock“ verringern können:

- Gründliche Vorbereitung des ersten Ausbildungstags, der ersten Wochen
- Bereitstellen eines Paten
- Auszubildende mit dem Leitbild, also den Normen und Einstellungen des Ausbildungsbetriebes bekannt machen
- Hierarchien des Ausbildungsbetriebes darstellen
- Kommunikationsregeln für die verschiedenen Hierarchieebenen deutlich machen
- Auszubildende für das Berufsfeld Hauswirtschaft begeistern (Vorbildfunktion!)
- Auszubildende mit der Arbeit von hauswirtschaftlichen Verbänden bekannt machen
- Vertrauensvolle Ausbildungsatmosphäre aufbauen
- Schlüsselqualifikationen fördern (siehe Modell der vollständigen Handlung S. 94)

Probleme und Konflikte gehören zum Berufsleben. Der Umgang mit ihnen fördert die Sozial- und Personalkompetenzen der Auszubildenden (s. Kapitel „Das Konfliktgespräch“ und „Teamarbeit“ im Handlungsfeld 5). Es gibt jedoch Probleme, die Sie allein als hauswirtschaftliche Ausbilderin nicht bewältigen können. Hier sollten Sie mit externen Stellen kooperieren.

- Für hauswirtschaftlich-ausbildungsspezifische Probleme ist die Ausbildungsberaterin der zuständigen Stelle die Ansprechpartnerin. Sie wird von der zuständigen Stelle bestellt und berät Betriebe und Auszubildende (auch einzeln).
- Für verhaltensauffällige Probleme sind z. B. Suchtberatungsstellen, Familien- und Eheberatungsstellen, Ärzte oder Psychologen zuständig. Stellen Sie im Bedarfsfall den Kontakt zu den Beratungsstellen her. In eine Beratung selbst werden Sie als Ausbilderin in der Regel nicht mit einbezogen, es sei denn, die Auszubildende wünscht dies ausdrücklich.
- Bei Lernschwierigkeiten können „ausbildungsbegleitenden Hilfen“ (abH) der Agentur für Arbeit in Frage kommen.

> Dazu schreibt das Bundesministerium für Arbeit und Soziales auf seiner Internetseite:
>
> „Die Ausbildung eines Jugendlichen, der lernbeeinträchtigt oder sozial benachteiligt ist, stellt für Betriebe eine besondere Herausforderung dar. Neben der eigentlichen Ausbildung ist oftmals zusätzliches Engagement nötig, um bei dem Jugendlichen bestehende Defizite wie zum Beispiel fachliche Lücken oder - bei Jugendlichen mit Migrationshintergrund - Sprachschwierigkeiten zu überwinden und auszugleichen. Hierbei können ausbildende Betriebe Unterstützung erhalten.“

Unter www.bmas.de finden Sie dazu eine Broschüre mit weiteren Informationen.

3.10 Leistungsbeurteilung

3.10.1 Selbst- und Fremdbewertung

Lernerfolgskontrollen in der Ausbildung erfordern andere Kriterien als nur das Abfragen von Fakten.

- Beobachtung, Bewertung und Rückmeldung über alle Phasen der vollständigen Handlung
- Abschlussgespräch nach jedem Arbeitsauftrag
- Beurteilung der Entwicklung von Schlüsselqualifikationen

Zunächst soll die Auszubildende selbst ihren Lernerfolg erfassen. Dazu können Sie mit diesen Leitfragen arbeiten:

- Wie bewerten Sie selbst Ihre Arbeit?
- Was war gut?
- Was war weniger gut?
- Was würden Sie das nächste Mal anders machen?
- Welche Lösungsmöglichkeiten hätten Sie noch wählen können?
- Beschreiben Sie....
- Begründen Sie....
- Wie sehen Sie ....?
- Fragen zur Wirtschaftlichkeit, Kundenorientierung, Qualität, Hygiene, zum Arbeits- und Gesundheitsschutz und zum Umweltschutz.

Nach diesen Impulsen zur Selbstbewertung geben Sie als Ausbilderin der Auszubildenden eine konkrete Rückmeldung, wie Sie deren Leistung sehen. Zunächst benennen Sie, was gut war. Anschließend geben Sie ihr mit konstruktiver, motivierender Kritik die Chance, ihre eigene und die fachkompetente Sicht von außen miteinander vergleichen zu können. Beleuchten Sie dabei Fach-, Methoden-, Sozial- und Personalkompetenz.

3.10.2 Typische Beurteilungsfehler

Oberstes Gebot: Beurteilungen müssen objektiv und sachlich sein. Doch jeder kennt das Gefühl, schon einmal falsch beurteilt worden zu sein. Deshalb hier ein paar typische Fehler, die es zu vermeiden gilt.

- Beurteilung nach dem ersten Eindruck: Beginnt eine Auszubildende eine Arbeitsaufgabe ungeschickt, kann sich dieser Eindruck bei der Ausbilderin verfestigen, auch wenn die Auszubildende im weiteren Verlauf gut arbeitet.
- Beurteilung nach dem letzten Eindruck: Rutscht einer Auszubildenden am Ende einer Arbeitsaufgabe das Kuchenblech aus der Hand, sodass der Kuchen sich auf dem Küchenboden wieder findet, kann dieser letzte Eindruck die Gesamtbeurteilung überlagern, auch wenn sie bis dahin alle Schritte der vollständigen Handlung gut ausgeführt hat.
- Der Halo-Effekt (Überstrahlung): Eine Auszubildende glänzte gestern mit der ausgezeichneten Präsentation eines Büffets zum Empfang des Vorstandes. Heute macht sie gravierende Fehler bei der Reinigung des Lebensmittellagers. Der Eindruck vom Vortag kann

diesen Fehler überstrahlen; nach so viel Lob mag die Ausbilderin nicht glauben, dass in einem anderen Bereich ein Einbruch erfolgt.
- Self-fulfilling-prophecy (die sich selbst erfüllende Prophezeiung): Eine Auszubildende hat auf dem Abschlusszeugnis der Hauptschule eine Fünf in Mathematik. Die Ausbilderin traut ihr die Umrechnung von Rezepturen nicht zu. „Das kann ja nichts werden" und bleibt bei ihrer Meinung, auch wenn die Auszubildende leichte Fortschritte im Fachrechnen macht und für diese Fortschritte dringend Lob braucht.
- Sympathie und Antipathie
- Messlatte zu hoch/zu niedrig: Bei der Beurteilung muss sich die Ausbilderin am aktuellen Ausbildungsstand, den Inhalten des Ausbildungsplans und den daraus abgeleiteten Lernzielen orientieren.

So vertiefen Sie das Thema:

Erproben Sie in einer Gruppe verbale und non-verbale Kommunikationsmittel, die Sie in Bewertungsgesprächen einsetzen. Beschreiben Sie sich gegenseitig die Wirkung Ihrer Mimik, Gestik und Wortwahl. (s. Kap. „Grundlagen der Kommunikation" im Handlungsfeld 5)
Diskutieren Sie, was Sie verletzt und demotiviert bzw. was Sie erfreut und motiviert. Entwickeln Sie daraus Leitlinien für Bewertungsgespräche.

3.10.3 Förderung durch Beurteilung

Die Beurteilung einer Auszubildenden bedeutet immer deren Förderung, nicht deren „Verurteilung".

Ziele der Beurteilung:

- Die Ausbilderin zeigt der Auszubildenden während der dreijährigen Ausbildung Etappenziele auf und bietet Möglichkeiten zur Förderung an.
- Die Auszubildende gewinnt Sicherheit über ihren Leistungsstand.

Zeitpunkte für eine systematische Beurteilung:

- am Ende der Probezeit
- am Ende eines Ausbildungsabschnittes (z.B. nach einem 6-wöchigen Einsatz in der Küche)
- in angemessener Zeit vor der Zwischen- bzw. Abschlussprüfung

- am Ende der Ausbildungszeit (hier fließen die Beurteilungen in das Abschlusszeugnis (siehe Handlungsfeld 4 „Ausbildung abschließen")

Ablauf einer systematischen Beurteilung:

- Die Ausbilderin beobachtet die Auszubildende und erstellt regelmäßig Notizen.
- Zu festgelegten Zeitpunkten wertet sie ihre Beobachtungen systematisch aus und trägt sie in den Beurteilungsbogen ein.
- Sie überreicht den Beurteilungsbogen der Auszubildenden.
- Sie führt mit der Auszubildenden ein Gespräch.
- Wenn notwendig, legen Ausbilderin und Auszubildende spezielle Förderungen oder Lernhilfen fest.

Formale Kriterien für einen Beurteilungsbogen

- Personalien der Auszubildenden
- Datum der Beurteilung
- Zeitraum der Beurteilung
- Einsatzort während des Beurteilungszeitraums
- Lerninhalte des Ausbildungsplans während dieser Zeit
- Beurteilung der Handlungskompetenz nach Punkten, Noten oder Text
- Platz für schriftlichen Kommentar
- Unterschrift der Ausbilderin
- Kommentar der Auszubildenden
- Eventuell festgelegte Fördermaßnahmen

3.10.4 Hilfestellung für objektive und sachliche Beurteilungen

Der Beurteilungsbogen enthält Bewertungskriterien und Noten von sehr gut bis mangelhaft. Um die Leistungen einordnen zu können, müssen Sie die einzelnen Kriterien analysieren und den Bewertungsgrad definieren. Ihre Beobachtungen können Sie zusätzlich zur Einordnung in das Notensystem schriftlich kommentieren.

Die Tabelle auf S. 149 zeigt, wie sich die Lernerfolge beschreiben lassen. Lerninhalte: „Organisation und Durchführung der Reinigung im Gästebereich"

Exemplarisch ist auf den S. 150-153 je ein Bewertungskriterium aus der

- Fachkompetenz
- Methodenkompetenz
- Sozialkompetenz
- Personalkompetenz

beschrieben.

Beurteilungsbogen für Auszubildende in der Hauswirtschaft

Name:.. **Einsatzort:**....................................

Ausbildungsjahr:.......................... **Arbeitsanleiter:**..............................

Beurteilter Zeitraum:..

Lerninhalte:..

Fachkompetenz Umsetzen von Fachwissen Anwenden von Arbeitstechniken Beachten von Hygienevorschriften Beachten von Arbeitsschutzvorschriften Beachten von Umweltschutzvorschriften Einhalten von Qualitätsstandards Wirtschaftliches Denken	
Methodenkompetenz Planungsfähigkeit Entscheidungsfähigkeit Selbstständiges Erarbeiten von Informationen Anwenden von Lernmethoden Arbeitstempo Übertragung von Erlerntem auf Neues (Transferfähigkeit)	
Sozialkompetenz Teamfähigkeit Zuverlässigkeit Pünktlichkeit Umgangsformen Einfühlungsvermögen Umgang mit Kunden	
Personalkompetenz Konzentrationsfähigkeit Ausdauer Ehrlichkeit Kritikfähigkeit Selbstkritik Bereitschaft, Verantwortung zu übernehmen	

Kommentar der Auszubildenden

Kommentar der Ausbilderin

Fördermaßnahmen:

Datum:.......................................

....

Unterschrift Auszubildende **Unterschrift Ausbilderin**

Beurteilungsbogen für Auszubildende in der Hauswirtschaft

Name: Bianca Zumholz **Einsatzort:** Gästebereich

Ausbildungsjahr: 3 **Arbeitsanleiter:** Frau Sebold

Beurteilter Zeitraum: Januar - März 2012
Lerninhalte: Organisation und Durchführung der Reinigung im Gästebereich, Erstellen und Umsetzen von Reinigungsplänen

Fachkompetenz	
Umsetzung von Fachwissen	ausreichend
Anwenden von Arbeitstechniken	befriedigend
Beachten von Hygienevorschriften	ausreichend
Beachten von Arbeitsschutzvorschriften	befriedigend
Beachten von Umweltschutzvorschriften	gut
Einhalten von Qualitätsstandards	befriedigend
Wirtschaftliches Denken	befriedigend
Methodenkompetenz	
Planungsfähigkeit	befriedigend
Entscheidungsfähigkeit	ausreichend
Selbstständiges Erarbeiten von Informationen	befriedigend
Anwenden von Lernmethoden	befriedigend
Arbeitstempo	gut
Übertragung von Erlerntem auf Neues (Transferfähigkeit)	befriedigend
Sozialkompetenz	
Teamfähigkeit	befriedigend
Zuverlässigkeit	sehr gut
Pünktlichkeit	sehr gut
Umgangsformen	gut
Einfühlungsvermögen	befriedigend
Umgang mit Kunden	gut
Personalkompetenz	
Konzentrationsfähigkeit	befriedigend
Ausdauer	ausreichend
Ehrlichkeit	sehr gut
Kritikfähigkeit	befriedigend
Selbstkritik	mangelhaft
Bereitschaft, Verantwortung zu übernehmen	gut

Kommentar der Auszubildenden
Der Umgang mit Menschen macht mehr Spaß als die Reinigungsarbeiten.
Kommentar der Ausbilderin
+ Zuvorkommender Umgang mit Gästen
- Fachliche Lücken in der Reinigungstechnik und in Hygienemaßnahmen
- die eigene Beurteilung der erbrachten Leistung

Fördermaßnahmen:
selbstständige Leitung des Gästebereiches während des zweiwöchigen Urlaubs von Frau Sebold,
verstärkte Durchführung von Kontroll- und Selbstkontrollaufgaben.

Datum: 02. April 2012

....
Unterschrift Auszubildende **Unterschrift Ausbilderin**

Differenzierungs-Beispiel aus dem Bereich Fachkompetenz

Einhalten von Qualitätsstandards	
sehr gut	〉 kennt die Qualitätsstandards für die Reinigung 〉 setzt sie immer um 〉 kontrolliert selbstständig ihr Reinigungsergebnis 〉 macht unaufgefordert Verbesserungsvorschläge
gut	〉 kennt die Qualitätsstandards für die Reinigung 〉 setzt sie fast immer um 〉 kontrolliert selbstständig ihr Reinigungsergebnis 〉 macht ab und zu Verbesserungsvorschläge
befriedigend	〉 kennt die Qualitätsstandards für die Reinigung 〉 setzt sie überwiegend um 〉 kontrolliert nach Aufforderung selbstständig ihr Reinigungsergebnis 〉 macht nur nach Aufforderung Verbesserungsvorschläge
ausreichend	〉 kennt nicht alle Qualitätsstandards für die Reinigung 〉 setzt sie selten um 〉 kontrolliert nur nach Aufforderung ihr Reinigungsergebnis, kann es selbst schlecht bewerten 〉 macht auch nach Aufforderung nur sehr selten Verbesserungsvorschläge
mangelhaft	〉 kennt nur wenige Qualitätsstandards für die Reinigung 〉 setzt sie sehr selten um 〉 kontrolliert auch nach Aufforderung nicht ihr Reinigungsergebnis 〉 kann keine Verbesserungsvorschläge machen
Einstufung: befriedigend **Kommentar:** Frau Zumholz ist sich nicht immer bewusst, welche Auswirkung es auf die Gäste hat, wenn die Reinigungsstandards nicht eingehalten werden. Sie vergisst öfter, ein Zimmer nach Abschluss der Reinigung noch einmal kurz zu überprüfen.	

Differenzierungs-Beispiel aus dem Bereich Methodenkompetenz

Planungsfähigkeit	
sehr gut	〉 plant, bevor sie handelt 〉 plant Abläufe immer in der richtigen Reihenfolge 〉 kann Arbeitszeiten sehr gut kalkulieren 〉 kann auf Einflüsse von außen, die eine Änderung der Planung erfordern, sehr gut reagieren
gut	〉 plant, bevor sie handelt 〉 plant Abläufe meist in der richtigen Reihenfolge 〉 kann Arbeitszeiten gut kalkulieren 〉 kann auf Einflüsse von außen, die eine Änderung der Planung erfordern, gut reagieren
befriedigend	〉 plant fast immer, bevor sie handelt 〉 plant Abläufe überwiegend in der richtigen Reihenfolge 〉 kalkuliert Arbeitszeiten nicht immer richtig 〉 erkennt nicht immer Einflüsse von außen, die eine Änderung der Planung erfordern
ausreichend	〉 plant selten, bevor sie handelt 〉 plant Abläufe selten in der richtigen Reihenfolge 〉 kalkuliert Arbeitszeiten häufig falsch 〉 erkennt selten Einflüsse von außen, die eine Änderung der Planung erfordern
mangelhaft	〉 plant nicht, bevor sie handelt
Einstufung: befriedigend **Kommentar:** Frau Zumholz hat besonders bei der Zeitplanung Probleme. Sie überschätzt sich leicht und reagiert manchmal hektisch, wenn sie eine ursprüngliche Planung revidieren muss.	

Differenzierungs-Beispiel aus dem Bereich Sozialkompetenz

Umgang mit Kunden	
sehr gut	〉 hat immer einen sehr freundlichen Umgangston 〉 nimmt sich Zeit zum Zuhören 〉 ist immer hilfsbereit 〉 reagiert flexibel auf Kundenwünsche
gut	〉 hat immer einen freundlichen Umgangston 〉 nimmt sich fast immer Zeit zum Zuhören 〉 ist fast immer hilfsbereit 〉 reagiert flexibel auf Kundenwünsche
befriedigend	〉 hat fast immer einen freundlichen Umgangston 〉 nimmt sich selten Zeit zum Zuhören 〉 ist hin und wieder hilfsbereit 〉 reagiert nicht immer flexibel auf Kundenwünsche
ausreichend	〉 hat nicht immer einen freundlichen Umgangston 〉 nimmt sich fast nie Zeit zum Zuhören 〉 ist wenig hilfsbereit 〉 reagiert sehr selten flexibel auf Kundenwünsche
mangelhaft	〉 ist fast immer unfreundlich 〉 lässt Kunden stehen, wenn sie ihr etwas sagen möchten 〉 ist nicht hilfsbereit 〉 reagiert nicht auf Kundenwünsche
Einstufung: gut **Kommentar:** Frau Zumholz begegnet unseren Kunden immer freundlich und bekommt viel Lob von ihnen. Hin und wieder hat sie Schwierigkeiten, sich abzugrenzen.	

Differenzierungs-Beispiel aus dem Bereich Personalkompetenz

<table>
<tr><th colspan="2">Ausdauer</th></tr>
<tr><td>sehr gut</td><td>〉 bleibt beständig bei einer Sache, auch wenn diese unangenehm oder langweilig ist
〉 bearbeitet Probleme hartnäckig, bis sie Lösungen hat
〉 kann sich Ziele setzen und verfolgt diese beharrlich
〉 führt regelmäßig und äußerst ausführlich das Berichtsheft</td></tr>
<tr><td>gut</td><td>〉 bleibt fast immer beständig bei einer Sache, auch wenn diese unangenehm oder langweilig ist
〉 bearbeitet Probleme meist hartnäckig, bis sie Lösungen hat
〉 kann sich Ziele setzen und verfolgt diese fast immer beharrlich
〉 führt regelmäßig und ausführlich das Berichtsheft</td></tr>
<tr><td>befriedigend</td><td>〉 bleibt nur beständig bei einer Sache, wenn sie interessant ist
〉 bearbeitet Probleme nicht immer engagiert genug
〉 kann sich Ziele setzen und verfolgt diese aber nicht immer beharrlich
〉 führt regelmäßig, aber knapp das Berichtsheft</td></tr>
<tr><td>ausreichend</td><td>〉 bleibt selten beständig bei einer Sache
〉 gibt leicht auf, wenn es zu Problemen kommt
〉 setzt sich wenig Ziele und verfolgt diese nur nachlässig
〉 führt nur nach Aufforderung das Berichtsheft</td></tr>
<tr><td>mangelhaft</td><td>〉 bringt keine Sache aus eigenem Antrieb zu Ende
〉 reagiert nicht auf Probleme, hat kein Interesse, Lösungen zu finden
〉 setzt sich keine Ziele
〉 führt nur widerwillig und unvollständig das Berichtsheft</td></tr>
<tr><td colspan="2">Einstufung: ausreichend

Kommentar: Frau Zumholz lässt sich leicht ablenken. Sie nimmt die Ausbildung noch zu wenig ernst.</td></tr>
</table>

3.10.5 Führung eines Berichtshefts

Berichtshefte oder Ausbildungsnachweise werden nach § 14 und § 43 BBiG verlangt.

§ 14 Berufsausbildung
(1) Ausbildende haben (...)

4. Auszubildende zum Besuch der Berufsschule sowie zum Führen von schriftlichen Ausbildungsnachweisen anzuhalten, soweit solche im Rahmen der Berufsausbildung verlangt werden, und diese durchzusehen (...)

§ 43 Zulassung zur Abschlussprüfung
(1) Zur Abschlussprüfung ist zuzulassen, (...)

2. wer an vorgeschriebenen Zwischenprüfungen teilgenommen sowie vorgeschriebene schriftliche Ausbildungsnachweise geführt hat (...)

Das Berichtsheft dient als Nachweis, ob und wann die Inhalte des Ausbildungsrahmenplans vermittelt wurden. Die zuständigen Stellen geben die Struktur des Berichtsheftes vor. Einige zuständige Stellen verankern im Berichtsheft ausschließlich wöchentliche Nachweise der Ausbildungsinhalte. Andere erweitern das Berichtsheft zu einem Arbeitsbuch, in dem von den Auszubildenden Leittexte, Projekte und Berichte bearbeitet werden müssen.
Die Bearbeitung des Berichtshefts erfolgt während der Arbeitszeit.

3.10.6 Auswertung der Zwischenprüfung

In der Zwischenprüfung werden die Auszubildenden von einer externen Stelle bewertet. Sie stellt ein zusätzliches Hilfsmittel zur Leistungsbeurteilung dar und unterstützt somit Ihre internen Beurteilungen.

Ziel und Zweck der Zwischenprüfung:

- Der Auszubildenden und der Ausbilderin liegt ein Zwischenergebnis über den Leistungsstand vor, das auch einen Vergleich mit anderen Prüflingen auf Kammerebene zulässt.
- Die Zwischenprüfung gibt wichtige Hinweise über Stärken und Schwächen der Auszubildenden. In einer Nachbereitung muss überlegt werden, welche Bereiche in Zukunft besonders gefördert werden müssen.
- Auszubildende erleben eine Prüfungssituation als Vorübung zur Abschlussprüfung.
- Die Teilnahme an der Zwischenprüfung ist Zulassungsvoraussetzung für die Abschlussprüfung.

Die Zwischenprüfung findet nach der Hälfte der Ausbildungszeit, auf jeden Fall aber vor Ende des 2. Ausbildungsjahres statt. Die Auszubildenden sollen bis dahin in der Lage sein,

- hauswirtschaftliche Arbeiten zu planen
- durchzuführen
- zu kontrollieren

und sie sollen dabei die Kriterien

- Gesundheitsschutz
- Hygiene
- Umweltschutz
- Arbeitsorganisation
- Qualität
- Wirtschaftlichkeit
- Kundenorientierung

mit einbeziehen können.

Die Prüfung besteht aus

- einem schriftlichen Teil von maximal neunzig Minuten
- einem praktischen Teil von maximal drei Stunden
- einem Prüfungsgespräch, in dem die Auszubildenden ihre praktische Arbeit erläutern.

Eine mündliche Prüfung findet nicht statt.

Im schriftlichen Teil werden praxisbezogene Aufgaben gestellt, die aus folgenden sechs Bereichen kommen können:

- Aufbau und Organisation des Ausbildungsbetriebes
- Arbeitsorganisation
- betriebliche Abläufe, wirtschaftliche und soziale Zusammenhänge
- Betriebsräume und Betriebseinrichtungen
- Speisenzubereitung und Service
- Reinigen und Pflegen von Räumen oder Textilien
- Vorratshaltung und Warenwirtschaft

Der praktische Teil besteht aus zwei Prüfungsaufgaben, die aus diesen vier Bereichen kombiniert sein müssen:

1. Reinigen und Pflegen von Maschinen, Geräten, Gebrauchsgütern und Betriebseinrichtungen
2. Speisenzubereitung und Service
3. Vorratshaltung und Warenwirtschaft
4. Reinigen und Pflegen von Räumen oder Textilien

Die Bereiche für die zwei Aufgaben können so kombiniert werden:

1 und 2
1 und 3
1 und 4
2 und 3
2 und 4
3 und 4

Beispiele für Prüfungsaufgaben erhalten Sie bei den zuständigen Stellen.

Nach der Zwischenprüfung müssen Sie als Ausbilderin den betrieblichen Ausbildungsplan überprüfen und gegebenenfalls ändern.

3.11 Interkulturelle Kompetenzen

In Gesellschaft und Arbeitswelt treffen heute Menschen aus zahlreichen Kulturkreisen zusammen. Durch

- Einwanderung aus unterschiedlichen nahen und fernen Ländern
- und durch die Globalisierung

hat sich unsere Gesellschaft zu einer multi-kulturellen Gesellschaft entwickelt.

Die interkulturelle Kompetenz ist Teil der Sozial- und Personalkompetenz. Wer interkulturelle Kompetenzen besitzt,

- besitzt Einfühlungsvermögen
- macht sich von Vorurteilen frei und ist interessiert, sein eigenes Urteil zu finden
- ist offen für Neues und Anderes, ist aufgeschlossen und neugierig
- versteht die Kulturkreise anderer als Bereicherung für sein Leben.

Die vielfältigen Kulturkreise zeichnen sich z. B. aus durch unterschiedliche

- Kleidervorschriften
- Essgewohnheiten
- Religionen
- Familienverbänden/Stellung der Frau
- Mentalitäten

Hier einige Projekte, bei deren Durchführung hauswirtschaftliche Auszubildende interkulturelle Kompetenz erwerben können:

- Herstellung und Präsentation von verschiedenen nationalen Speisen am Tag der Offenen Tür in der Berufsschule
- Präsentation traditioneller Kleidung verschiedener Nationen bei einer internationalen Woche in einem Tagungshaus
- Feste verschiedener Kulturkreise im Vergleich: Herstellung und Präsentation von festlicher Hausdekoration in einer außerbetrieblichen Ausbildungsstätte
- Erstellung einer Präsentation über die Stellung der Frau in verschiedenen Kulturkreisen.

Gerade das letztgenannte Projekt bietet für Auszubildende in einem frauendominierten Beruf eine gute Möglichkeit, sich mit ihrer Stellung als Frau und ihrem Arbeitsbereich Hauswirtschaft auseinanderzusetzen.

Interkulturelle Kompetenz erwirbt auch, wer einen Teil seiner Ausbildung im Ausland absolviert. Hinweise dazu lesen Sie im Kapitel „Ausbildungsmöglichkeiten im Ausland" im Handlungsfeld 2.

Weitere Impulse und zahlreiche Übungen zum interkulturellen Lernen für junge Menschen und Auszubildende finden Sie auf der Internetseite der Landeszentrale für politische Bildung Thüringen
www.ikkompetenz.thueringen.de

Handlungsfeld 4

Ausbildung abschließen

4.1 Abschlussprüfung

4.1.1 Gesetzliche Grundlagen

Das Berufsbildungsgesetz (BBiG) widmet dem Prüfungswesen einen eigenen Abschnitt (§§ 37-50). Die wichtigsten Ausschnitte:

§ 37 Abschlussprüfung

(1) In den anerkannten Ausbildungsberufen sind Abschlussprüfungen durchzuführen. Die Abschlussprüfung kann im Fall des Nichtbestehens zweimal wiederholt werden. Sofern die Abschlussprüfung in zwei zeitlich auseinander fallenden Teilen durchgeführt wird, ist der erste Teil der Abschlussprüfung nicht eigenständig wiederholbar.

(2) Dem Prüfling ist ein Zeugnis auszustellen. Ausbildenden werden auf deren Verlangen die Ergebnisse der Abschlussprüfung der Auszubildenden übermittelt. Sofern die Abschlussprüfung in zwei zeitlich auseinander fallenden Teilen durchgeführt wird, ist das Ergebnis der Prüfungsleistungen im ersten Teil der Abschlussprüfung dem Prüfling schriftlich mitzuteilen.

§ 43 Zulassung zur Abschlussprüfung

(1) Zur Abschlussprüfung ist zuzulassen,

1. wer die Ausbildungszeit zurückgelegt hat oder wessen Ausbildungszeit nicht später als zwei Monate nach dem Prüfungstermin endet,
2. wer an vorgeschriebenen Zwischenprüfungen teilgenommen sowie vorgeschriebene schriftliche Ausbildungsnachweise geführt hat und
3. wessen Berufsausbildungsverhältnis in das Verzeichnis der Berufsausbildungsverhältnisse eingetragen oder aus einem Grund nicht eingetragen ist, den weder die Auszubildenden noch deren gesetzliche Vertreter oder Vertreterinnen zu vertreten haben.

(2) Zur Abschlussprüfung ist ferner zuzulassen, wer in einer berufsbildenden Schule oder einer sonstigen Berufsbildungseinrichtung ausgebildet worden ist, wenn dieser Bildungsgang der Berufsausbildung in einem anerkannten Ausbildungsberuf entspricht. Ein Bildungsgang entspricht der Berufsausbildung in einem anerkannten Ausbildungsberuf, wenn er

1. nach Inhalt, Anforderung und zeitlichem Umfang der jeweiligen Ausbildungsordnung gleichwertig ist,
2. systematisch, insbesondere im Rahmen einer sachlichen und zeitlichen Gliederung durchgeführt wird, und
3. durch Lernortkooperation einen angemessenen Anteil an fachpraktischer Ausbildung gewährleistet.

Die Landesregierungen werden ermächtigt, im Benehmen mit dem Landesausschuss für Berufsbildung durch Rechtsverordnung zu bestimmen, welche Bildungsgänge die Voraussetzungen der Sätze 1 und 2 erfüllen. Die Ermächtigung kann durch Rechtsverordnung auf oberste Landesbehörden weiter übertragen werden.

§ 45 Zulassung in besonderen Fällen

(1) Auszubildende können nach Anhörung der Ausbildenden und der Berufsschule vor Ablauf ihrer Ausbildungszeit zur Abschlussprüfung zugelassen werden, wenn ihre Leistungen dies rechtfertigen.

(2) Zur Abschlussprüfung ist auch zuzulassen, wer nachweist, dass er mindestens das eineinhalbfache der Zeit, die als Ausbildungszeit vorgeschrieben ist, in dem Beruf tätig gewesen ist, in dem die Prüfung abgelegt werden soll. Als Zeiten der Berufstätigkeit gelten auch Ausbildungszeiten in einem anderen, einschlägigen Ausbildungsberuf. Vom Nachweis der Mindestzeit nach Satz 1 kann ganz oder teilweise abgesehen werden, wenn durch Vorlage von Zeugnissen oder auf andere Weise glaubhaft gemacht wird, dass der Bewerber oder die Bewerberin die berufliche Handlungsfähigkeit erworben hat, die die Zulassung zur Prüfung rechtfertigt. Ausländische Bildungsabschlüsse und Zeiten der Berufstätigkeit im Ausland sind dabei zu berücksichtigen.

So vertiefen Sie das Thema:

Analysieren Sie den amtsprachlichen Gesetzestext und erstellen Sie eine Checkliste, mit der Sie im Gespräch mit einer Auszubildenden deren Zulassung prüfen möchten.

4.1.2 Prüfungsordnungen und Prüfungsausschüsse

Das BBiG regelt in § 47 den Erlass von Prüfungsordnungen.

Prüfungsordnungen werden von den jeweiligen zuständigen Stellen erlassen und von den zuständigen obersten Landesbehörden genehmigt. Es gibt demzufolge keine bundeseinheitliche Prüfungsordnung für die Hauswirtschaft.

In jeder Prüfungsordnung müssen mindestens sechs Kriterien geregelt sein:

1. die Zulassung zur Prüfung
2. die Gliederung der Prüfung
3. die Bewertungsmaßstäbe
4. die Erteilung der Prüfungszeugnisse
5. die Folgen von Verstößen gegen die Prüfungsordnung
6. die Wiederholungsprüfung

Die Zusammensetzung und Berufung von Prüfungsausschüssen wird ebenso im BBiG geregelt. Prüfungsausschüsse werden von den zuständigen Stellen eingerichtet.

§ 40 Zusammensetzung, Berufung

(1) Der Prüfungsausschuss besteht aus mindestens drei Mitgliedern. Die Mitglieder müssen für die Prüfungsgebiete sachkundig und für die Mitwirkung im Prüfungswesen geeignet sein.
(2) Dem Prüfungsausschuss müssen als Mitglieder Beauftragte der Arbeitgeber und der Arbeitnehmer in gleicher Zahl sowie mindestens eine Lehrkraft einer berufsbildenden Schule angehören. Mindestens zwei Drittel der Gesamtzahl der Mitglieder müssen Beauftragte der Arbeitgeber und der Arbeitnehmer sein. Die Mitglieder haben Stellvertreter oder Stellvertreterinnen.
(3) Die Mitglieder werden von der zuständigen Stelle längstens für fünf Jahre berufen. Die Beauftragten der Arbeitnehmer werden auf Vorschlag der im Bezirk der zuständigen Stellen bestehenden Gewerkschaften und selbständigen Vereinigungen von Arbeitnehmern mit sozial- oder berufspolitischer Zwecksetzung berufen. Die Lehrkraft einer berufsbildenden Schule wird im Einvernehmen mit der Schulaufsichtsbehörde oder der von ihr bestimmten Stelle berufen. (...)
(4) Die Tätigkeit im Prüfungsausschuss ist ehrenamtlich. (...)

So vertiefen Sie das Thema:

Erstellen Sie eine Stoffsammlung „Welche Vorteile habe ich als Ausbilderin und welche Vorteile hat der Betrieb, wenn ich Mitglied im Prüfungsausschuss bin.“
Diskutieren Sie darüber mit Ihren Kolleginnen.

4.1.3 Anmeldung zur Abschlussprüfung

Als Ausbilderin melden Sie Ihre Auszubildende/n rechtzeitig vor Ablauf der Ausbildungszeit zur Abschlussprüfung an. Die Termine der Abschlussprüfungen werden auf den Internetseiten der zuständigen Stellen frühzeitig veröffentlicht. Dazu reichen Sie einen Nachweis über die Teilnahme an der Zwischenprüfung und die Ausbildungsnachweise (Berichtshefte) ein. Sollte eine Auszubildende Behinderungen haben, so teilen Sie dies der zuständigen Stelle bei der Anmeldung mit.

4.1.4 Anforderungen an die Abschlussprüfung

Die Anforderungen an die Abschlussprüfung sind im § 9 der Ausbildungsverordnung festgeschrieben.
Bei der Abschlussprüfung soll der Prüfling zeigen,

- dass er wirtschaftliche und betriebliche Zusammenhänge versteht
- dass er die erworbenen Fertigkeiten und Kenntnisse praxisbezogen anwenden und übertragen kann
- dass er bei seiner Arbeit Arbeits- und Gesundheitsschutz, Hygiene, Umweltschutz, Organisation und Abläufe betrieblicher Arbeit mit einbeziehen kann
- dass er unter Berücksichtigung von Arbeitsorganisation und betrieblichen Abläufen Betriebseinrichtungen planen und beurteilen kann
- dass er Leistungen kalkulieren und abrechnen kann
- dass er wirtschaftliche und soziale Zusammenhänge von hauswirtschaftlichen Versorgungsleistungen versteht
- dass er bei der hauswirtschaftlichen Betreuungsleistung Bedarf und Ansprüche zu betreuender Personen berücksichtigt
- dass er Leistungen planen und beurteilen kann
- dass er rechtliche Rahmenbedingungen kennt
- dass sich seine Arbeit am Kunden orientiert
- dass er qualitätssichernde Maßnahmen anwenden kann.

Anforderungen an den praktischen Teil

- Zwei komplexe Aufgaben aus den Bereichen hauswirtschaftliche Versorgungs- und Betreuungsleistungen, eine davon aus dem jeweiligen Einsatzgebiet des Prüflings
- Planung: mindestens ein Arbeitstag
- Durchführung: maximal sechs Stunden
- Beide Aufgaben werden jeweils in einem Prüfungsgespräch erläutert

In der 1. Aufgabe werden mindestens drei der folgenden acht Inhalte geprüft:

1. Beurteilen von Betriebsräumen und Betriebseinrichtungen
2. Zubereiten von Speisen und Service
3. Reinigen und Pflegen von Räumen
4. Gestalten von Räumen oder des Wohnumfeldes
5. Reinigen und Pflegen von Textilien
6. Bewirtschaften von Vorräten
7. Hilfe leisten bei Alltagsverrichtungen
8. Motivieren und Beschäftigen von Personen

In der 2. Aufgabe, die sich auf das jeweilige Einsatzgebiet bezieht, werden folgende Inhalte geprüft:

1. Betriebsspezifische Produkt- und Dienstleistungsangebote
2. Kundenorientierung und Marketing
3. Spezifische Betriebsräume und Betriebseinrichtungen

Anforderungen an den schriftlichen Teil

- Drei Aufgabenbereiche
- Dauer maximal fünf Stunden
- Prüfungsaufgaben

Hauswirtschaftliche Versorgungsleistungen	120 Minuten
Hauswirtschaftliche Betreuungsleistungen	120 Minuten
Wirtschafts- und Sozialkunde	60 Minuten

4.1.5 Bewertung der Abschlussprüfung

Die Prüfung hat bestanden, wer im praktischen und schriftlichen Teil jeweils mindestens ein ausreichend erzielt hat.

Die beiden praktischen Prüfungen werden gleichwertig 50:50 gewertet. Um die Prüfung zu bestehen, darf keine praktische Aufgabe mit ungenügend bewertet sein.

Berechnung der Bewertung praktische Prüfung

	Beispiel 1	**Beispiel 2**	**Beispiel 3**
Fachaufgabe im Einsatzgebiet	sehr gut	befriedigend	gut
Allgemeine Aufgabe	befriedigend	mangelhaft	ungenügend
Durchschnitt	gut	ausreichend	ausreichend
Bemerkung	bestanden	bestanden	Prüfung nicht bestanden, weil ein Prüfungsteil „ungenügend“

Die drei schriftlichen Prüfungsbereiche werden in folgendem Verhältnis bewertet:
Hauswirtschaftliche Versorgungsleistungen: 40 %
Hauswirtschaftliche Betreuungsleistungen: 40 %
Wirtschafts- und Sozialkunde: 20 %.

Hier darf höchstens ein Fach mit mangelhaft bewertet sein.

In der Regel findet keine mündliche Abschlussprüfung statt.
Ausnahme: Erreicht ein Prüfling in einem oder in zweien der drei schriftlichen Prüfungsfächer die Note „mangelhaft“, so kann er eine 15-minütige mündliche Prüfung beantragen. Er kann eines der schriftlichen Fächer, in denen die Prüfung mit „mangelhaft“ bewertet wurde, als Prüfungsfach für die mündliche Prüfung auswählen.

Die mündliche Prüfung wird nur gewährt, wenn sie den Ausschlag darüber geben kann, ob die gesamte Prüfung bestanden werden kann. Wer schon in den praktischen Fächern nur „mangelhaft“ bewertet wurde, für den ist eine mündliche Prüfung ausgeschlossen.

Das schriftliche und mündliche Prüfungsergebnis werden im Verhältnis 2:1 gewertet.

Berechnung der Bewertung der schriftlichen Prüfung

	Beispiel 1	Beispiel 2	Beispiel3
Hauswirtschaftliche Versorgungsleistungen	gut	ausreichend	befriedigend
Hauswirtschaftliche Betreuungsleistungen	gut	mangelhaft	ungenügend
Wirtschafts- und Sozialkunde	gut	mangelhaft	gut
Durchschnitt	gut	nicht ausreichend (4,6)	ausreichend
Mündliche Prüfung	-	vom Prüfling gewählt: Hauswirtschaftliche Betreuungsleistungen Ergebnis: gut	nicht möglich
Bemerkung	bestanden	bestanden mit Gesamtnote ausreichend	Prüfung nicht bestanden, weil ein Prüfungsteil „ungenügend“

Die Prüfung kann bis zu zweimal wiederholt werden, wobei nur die Fächer nachgeprüft werden, in denen mangelhafte Leistungen erzielt wurden.

Wenn der Auszubildende bei seinem Ausbildungsbetrieb beantragt, dass er bis zur Nachprüfung weiter ausgebildet werden möchte, ist der Ausbildungsbetrieb verpflichtet, bis zu einer zweimaligen Wiederholung der Prüfung die Ausbildungszeit zu verlängern.

So vertiefen Sie das Thema:

Erstellen Sie eine Plakatwand, an der Sie die Bewertungskriterien der Abschlussprüfung übersichtlich darstellen.

4.1.6 Beispiele für Prüfungsaufgaben

Schriftliche Prüfung „Hauswirtschaftliche Versorgungsleistungen"

Situationsbeschreibung:
Sie sind als Vorarbeiterin in einem Reinigungsdienst eines Tagungshauses angestellt und haben die Verantwortung für zwei Etagen mit jeweils 12 Zimmern. Neben Ihrer praktischen Mitarbeit werden von Ihnen auch organisatorische Aufgaben erwartet.
Aufgaben:

(1) Erstellen Sie Reinigungsstandards für Bleibe- und Abreisezimmer.
(2) Entwerfen Sie eine Checkliste, nach der Sie regelmäßig die Sauberkeit der Reinigungswagen und -geräte überprüfen.
(3) Erstellen Sie einen Händehygieneplan und begründen Sie die von Ihnen geforderten Maßnahmen.
(4) Welche Möglichkeiten sehen Sie, etwas über die Zufriedenheit der Kunden bezüglich der Reinigung zu erfahren?

Schriftliche Prüfung „Hauswirtschaftliche Betreuungsleistungen"

Situationsbeschreibung:
Sie arbeiten in einem Alten- und Pflegeheim. Eine Wohngruppe, in der noch viele Bewohner mobil sind, möchte gern zusammen kochen. Sie werden beauftragt, eine Kochgruppe zu initiieren.
Aufgaben:

(1) Skizzieren Sie, welche Schritte für das erste gemeinsame Kochen erforderlich sind.
(2) Stellen Sie eine Speisenfolge für das erste gemeinsame Kochen zusammen, die Sie den interessierten Teilnehmern der Gruppe vorstellen möchten. Begründen Sie Ihre Auswahl.
(3) Es kann sein, dass Ihr Vorschlag bei den Bewohnern keinen Anklang findet. Welche Gründe könnte es dafür geben?
(4) Welche hygienischen und arbeitssicherheitstechnischen Mindeststandards müssen Sie beim Kochen mit Bewohnern beachten, und wie erklären Sie sie den Bewohnern?
(5) Machen Sie einen Vorschlag für den Ankündigungstext der Kochgruppe in der monatlichen Hauszeitung.

Schriftliche Prüfung „Wirtschafts- und Sozialkunde"

(1) Der Verbraucherschutz nimmt einen hohen Stellenwert in der öffentlichen Diskussion ein. Als Angestellte einer Einrichtung, die Produkte herstellt und Dienstleistungen anbietet, tragen Sie täglich zum Verbraucherschutz Ihrer Kunden verantwortlich bei. Nennen Sie Beispiele, und erläutern Sie sie. Welche Gesetze, Verordnungen oder Leitlinien spielen dabei eine Rolle?

(2) Ihre Berufsschule führt einen Informationstag zur Ausbildung in der Hauswirtschaft durch. Es werden verschiedene Stände mit Informationsschwerpunkten aufgebaut. Sie betreuen einen Stand, der über die Zukunft des Berufs Hauswirtschafterin informiert. Sie haben sich auf mögliche Fragen von Interessentinnen gut vorbereitet. Woher beziehen Sie Ihre Informationen? Nennen Sie Fragen, auf die Sie sich vorbereitet haben und zeigen Sie mögliche Antworten auf.

Zwei Beispiele für die allgemeine praktische Aufgabe

1. Beispiel

Situationsbeschreibung:
Sie sind Hauswirtschafterin in einem Alten- und Pflegeheim. Kürzlich wurden zwei Wäschelager von Handwerkern gestrichen. Das erste haben die Maler gerade erst verlassen, das zweite ist schon wieder eingerichtet.

Aufgaben:

a) Führen Sie im ersten Wäschelager eine Grundreinigung des PVC-Fußbodens durch und versiegeln Sie den Boden.
b) Räumen Sie im zweiten Wäschelager die Wäsche, die vorübergehend ausgelagert war, wieder ein.
c) Währenddessen zieht ein neuer Bewohner ein. Sie sorgen dafür, dass sein Zimmer mit der nötigen Wäsche ausgestattet ist und helfen ihm dabei, sich einzurichten.

In dieser Aufgabe geprüfte Inhalte:

- Reinigen und Pflegen von Räumen
- Bewirtschaften von Vorräten
- Hilfe leisten bei Alltagsverrichtungen

2. Beispiel

Situationsbeschreibung:
Sie sind Hauswirtschafterin in einer Familienbildungseinrichtung. Die Lehrküche wurde neu eingerichtet. Die Schreiner haben ihre Arbeit beendet. Am Nachmittag soll die Lehrküche wieder benutzt werden.

Aufgaben:

a) Reinigen Sie eine der Küchenzeilen und bestücken Sie sie mit allen erforderlichen Arbeitsmitteln und Geräten.
b) Zeigen Sie die Küchenzeile drei Mitgliedern eines Junggesellen-Kochkurses. Erklären Sie ihnen Ihr Einrichtungssystem.
c) Bereiten Sie für die gesamte Gruppe (10 Personen) einen kleinen Stehimbiss vor, den Sie im Speiseraum präsentieren.

In dieser Aufgabe geprüfte Inhalte:

- Beurteilen von Betriebsräumen und Betriebseinrichtungen
- Zubereiten von Speisen und Service
- Motivieren und Beschäftigen von Personen

Drei Beispiele für die praktischen Prüfungsaufgaben aus dem Einsatzgebiet

In allen Beispielen werden folgende geforderte Inhalte geprüft:

1. Betriebsspezifische Produkt- und Dienstleistungsangebote
2. Kundenorientierung und Marketing
3. Spezifische Betriebsräume und Betriebseinrichtungen

1. Beispiel
Situationsbeschreibung:
Sie sind Hauswirtschafterin in einem Tagungshaus. Im Tagungshaus findet ein Konzert statt. Die Musikergruppe (12 Personen) wird von Ihnen betreut.

Aufgaben:
a) Bereiten Sie für die Musiker vor dem Konzert einen kleinen Imbiss und zeigen Sie ihnen den Aufführungsraum.
b) Richten Sie den Speiseraum und servieren Sie nach dem Konzert das von der Küche bereitgestellte Drei-Gang-Menü.
c) Überlegen Sie sich für die Musiker ein kleines Geschenk des Hauses, das Sie ihnen vor der Abfahrt überreichen.

2. Beispiel
Situationsbeschreibung:
Sie sind Hauswirtschafterin in einem Alten- und Pflegeheim. Die ehrenamtlichen Mitarbeiter werden halbjährlich zu einer Kaffeetafel eingeladen. Während des Kaffeetrinkens wird eine kleine Beamer-Präsentation gezeigt. Es haben sich zehn Ehrenamtliche angemeldet. Dazu kommen zwanzig Bewohner, die am Kaffeetrinken teilnehmen möchten. Die Küche stellt Kaffee und Kuchen, Sie sind für den Service verantwortlich.

Aufgaben:
a) Bereiten Sie den Speiseraum vor.
b) Gestalten Sie ein Kuchenbüfett.
c) Empfangen Sie die Gäste und halten Sie eine kurze Begrüßungsrede.

3. Beispiel
Situationsbeschreibung:
Sie sind Hauswirtschafterin in einer Dienstleistungsagentur, die hauswirtschaftliche Dienstleistungen anbietet, schwerpunktmäßig im Bereich von „Reinigung von Schulgebäuden“. Die Agentur veranstaltet einen Informationsnachmittag, um auf den Beruf der Hauswirtschafterin aufmerksam zu machen. Zehn Interessentinnen für eine hauswirtschaftliche Ausbildung kommen mit ihren Eltern zu einer Informationsveranstaltung.

Aufgaben:
a) Bereiten Sie einen Stehkaffee mit kleinem Imbiss für 25 Personen vor.
b) Führen Sie die jungen Leute durchs Haus und berichten Sie ihnen von Ihrer Berufsausbildung zur Hauswirtschafterin.
c) Demonstrieren Sie ihnen die technischen Möglichkeiten, Methoden, Geräte und Maschinen, die Ihnen für eine professionelle Reinigung zur Verfügung stehen.

4.1.7 Prüfungsvorbereitungen

Die Ausbildungseinheiten und -aufgaben werden nach der Zwischenprüfung immer komplexer. Im dritten Ausbildungsjahr bearbeitet die Auszubildende Fachaufgaben im Einsatzgebiet.

Etwa sechs Monate vor der Abschlussprüfung kann die konkrete Prüfungsvorbereitung beginnen, indem z. B. Prüfungsaufgaben aus vorhergegangenen Durchgängen in der Praxis erprobt werden.

Zu Beginn der Prüfungsvorbereitungsphase sollen sich Auszubildende Ziele setzen und einen Plan erstellen, mit welchen Maßnahmen sie die Ziele erreichen möchten. Drei Aspekte sind hier wichtig: Inhaltliche Ziele und Maßnahmen, zeitliche Ziele und Maßnahmen und persönliche Ziele und Maßnahmen.

〉 **Inhaltliche Ziele und Maßnahmen**

Die inhaltlichen Ziele leiten sich aus den Anforderungen an die Abschlussprüfung ab. Die Anforderungen gibt die Ausbildungsverordnung vor (siehe Kapitel „Anforderungen an die Abschlussprüfung").

Diese Anforderungen müssen sich in der Vorbereitung auf die Prüfung im betrieblichen Arbeitsalltag wieder finden. Prüfungsinhalte und Übungsaufgaben müssen aufeinander abgestimmt sein. Prüfungsinhalte leiten sich aus dem Ausbildungsrahmenplan ab. Für die hauswirtschaftliche Versorgungsleistung „Speisenzubereitung und Service" nennt der Ausbildungsrahmenplan z. B.

〉 Nährwerte berechnen und mit Nährstoffempfehlungen vergleichen
〉 Speisen und Getränke unter Berücksichtigung von Grundrezepturen personen- und anlassorientiert zubereiten
〉 Vorgefertigte Produkte unter Beachtung insbesondere von Wertigkeit, Qualität und Wirtschaftlichkeit verarbeiten

Die daraus resultierenden Aufgaben bietet der Ausbildungsalltag mit seinen Prozessen zur hauswirtschaftlichen Versorgung und Betreuung.

In Prüfungen kommt es häufig vor, dass von den Prüflingen die Formulierung der Aufgabenstellung nicht richtig erfasst wird. Hier hilft es, wenn Sie mit Auszubildenden Aufgabenstellungen früherer Prüfungsaufgaben analysieren. Die zuständigen Stellen veröffentlichen eine Reihe von Prüfungsfragen. Ein gutes Forum zur interaktiven Bearbeitung von Prüfungsaufgaben finden Auszubildende im Internet auf der Seite der Landwirtschaftskammer Niedersachsen

www.lwk-niedersachsen.de/index.cfm/portal/pruefungsfragenhauswirtschaft.html

Die praktischen Prüfungen werden mit einem Prüfungsgespräch abgeschlossen. Vielen Auszubildenden fällt es schwer, ihre geplante und praktisch durchgeführte Arbeit mündlich zu kommentieren. Diese für den beruflichen Alltag so wichtige Fähigkeit darf aber nicht erst in der Prüfungsvorbereitung geübt werden, sondern muss ab dem ersten Tag der Ausbildung gefördert werden.

〉 Zeitliche Ziele und Maßnahmen

Für die zeitlichen Ziele müssen die Auszubildenden klären, bis wann welche komplexen betrieblichen Aufgaben geübt werden. Es empfiehlt sich, einen Plan über ca. sechs Monate zu erstellen. Dazu können die Auszubildenden einerseits auf den betrieblichen Ausbildungsplan zurückgreifen, in dem ja das letzte halbe Jahr der Ausbildung schon skizziert ist; zum anderen müssen diese Planungskriterien mit Ihnen als Ausbilderin besprochen und festgelegt werden. Der Zeitplan lässt sich nach folgenden Kriterien tabellarisch aufbauen:

Zeitplan zur Vorbereitung auf die Abschlussprüfung November 2011 bis Mai 2012				
KW	**Einsatzbereich/ Aufgabe**	**Ausbildungs-inhalte**	**Parallelen zum Lernstoff der Berufsschule**	**Bemerkungen**

〉 Persönliche Ziele und Maßnahmen

Die zeitlichen Aspekte können nicht losgelöst von den personenbezogenen Kriterien geplant werden. Dazu gehört:

- 〉 Wie ist mein heutiger Leistungsstand (am Beginn der Prüfungsvorbereitung)?
- 〉 Welches sind meine Stärken, welches meine Schwächen?
- 〉 Was kann ich realistisch in den kommenden sechs Monaten erreichen?
- 〉 Welcher Lerntyp bin ich und welche Lernmethoden liegen mir am besten?
- 〉 Wie viel Zeit außerhalb des Betriebes und der Berufsschule kann und will ich zur Prüfungsvorbereitung investieren? Wie viel Unterstützung erfahre ich im privaten Umfeld?
- 〉 Wann (im Tagesverlauf) kann ich am besten lernen?
- 〉 Was kann ich zum Ausgleich von Prüfungsstress tun? (Hobby, gesunde Ernährung, Bewegung)

Bei den ersten drei Punkten sind Sie als Ausbilderin eingebunden. Durch regelmäßig durchgeführte Beurteilungen über den Leistungsstand der Auszubildenden und durch Gespräche mit weiteren Mitarbeitern, die als Anleiter eingesetzt sind, haben Sie fundierte Fakten, mit denen Sie den Leistungsstand der Auszubildenden benennen können. Spiegeln Sie ihnen dabei deutlich ihre Stärken und Schwächen und fordern Sie die Auszubildenden auf, sich selbst realistisch einzuschätzen. Sehr effektiv ist es auch, wenn sich Auszubildende gegenseitig einschätzen.

4.1.8 Strategien gegen Prüfungsangst

Kaum einer kennt sie nicht: die Prüfungsangst. Bis zu einem gewissen Grad sind Anspannung und Lampenfieber normale Begleiterscheinungen. Immerhin sind Prüfungen etwas Besonderes, da darf man schon ein wenig aufgeregt sein. Damit es das normale Maß nicht überschreitet, hier ein paar Tipps gegen Prüfungsangst.

Langfristig angelegte Strategien:

- rechtzeitig mit der Prüfungsvorbereitung beginnen
- gute Zeiteinteilung und Arbeitsplanung
- seinen Lerntyp kennen
- beim Lernen auf Biorhythmus achten
- Lernmethoden wechseln
- Karteikarten mit Maßnahmen gegen Prüfungsangst anlegen
- positives Denken
- sich nicht von negativen Gesprächen beeinflussen lassen
- autogenes Training oder andere Entspannungstechniken
- Bewegung an frischer Luft
- Gesunde Ernährung – Sport treiben

Kurz vor der Prüfung und bei der Prüfung:

- Prüfungssituationen simulieren und üben
- Prüfungssituationen mental durchspielen
- wenn möglich, den Prüfer vorher kennen lernen
- angemessene Kleidung tragen
- vor Beginn der Prüfung in den Spiegel sehen und lächeln
- Prüfer mit Namen ansprechen
- Denkblockaden und Black out in der Prüfung sofort ansprechen

Wer krankhafte Prüfungsangst hat, sollte fachmännische Beratung in Anspruch nehmen.

So vertiefen Sie das Thema:

Wenn Sie selbst vor einer Prüfung stehen – z. B. zur Meisterin oder zur hauswirtschaftlichen Betriebsleiterin – suchen Sie sich aus den lang- und kurzfristigen Strategien die für Sie geeigneten heraus.
Überlegen Sie nach der Prüfung, welche Strategie für Sie besonders hilfreich war.
Was Sie selbst an sich erfahren haben, können Sie Auszubildenden gut weitergeben.

4.2 Abschlusszeugnisse

Nach Abschluss der Ausbildung erhält die Auszubildende ein Ausbildungszeugnis. Dies kann als „einfaches“ Zeugnis erstellt werden, die Auszubildende kann aber auch ein „qualifiziertes“ Zeugnis verlangen.

Da das Zeugnis eine wichtige Bewerbungsunterlage für die ausgebildete Fachkraft ist, sollten Sie immer die qualifizierte Form wählen.

4.2.1 Formulierungen in Zeugnissen und deren Bedeutung

In Zeugnissen dürfen Sie keine negativen Formulierungen verwenden. Es gibt gängige, bei Personalchefs bekannte Formulierungen, die verschlüsselt aussagen, was der Zeugnisaussteller sagen möchte.

Bewertung	Formulierung
sehr gut	Frau Schwarz hat die ihr übertragenen Aufgaben stets zu unserer vollsten Zufriedenheit ausgeführt.
gut	Frau Schwarz hat die ihr übertragenen Aufgaben stets zu unserer vollen Zufriedenheit ausgeführt.
befriedigend	Frau Schwarz hat die ihr übertragenen Aufgaben zu unserer vollen Zufriedenheit ausgeführt.
ausreichend	Frau Schwarz hat die ihr übertragenen Aufgaben zu unserer Zufriedenheit ausgeführt.
mangelhaft	Frau Schwarz hat die ihr übertragenen Aufgaben im Großen und Ganzen zu unserer Zufriedenheit ausgeführt.
ungenügend	Frau Schwarz bemühte sich, die ihr übertragenen Aufgaben zufriedenstellend zu erledigen.

So vertiefen Sie das Thema:

Arbeiten Sie anhand der zwei folgenden Beispiele die Kriterien für ein einfaches und ein qualifiziertes Zeugnis heraus.
Erstellen Sie selbst ein qualifiziertes Zeugnis für eine „befriedigende“ Auszubildende.

4.2.2 Beispiel für ein einfaches Ausbildungszeugnis

Haus der Bildung
Sonnenstr. 37
99887 Musterstadt

Tel. 0123/4567-89
Fax. 0123/4567-88
Mail: info@haus-der-bildung.de
www.haus-der-bildung.de

Ausbildungszeugnis

Katharina Winter, geb. am 30.03.1992, hat in unserem Haus der Bildung, einem Tagungshaus mit Kapazitäten für 300 Tagungsgäste und 100 Hotelplätzen, vom 01.08.2009 bis zum 31.07.2012 die Ausbildung zur Hauswirtschafterin absolviert.

Sie wurde in folgenden Abteilungen ausgebildet:

- Küche und Service
- Wäscherei
- Reinigungsdienst
- Empfang

Die Ausbildung umfasste die geforderten Inhalte der Ausbildungsverordnung:

- Der Ausbildungsbetrieb, betriebliche Zusammenhänge und Beziehungen
- Arbeitsorganisation, betriebliche Abläufe, wirtschaftliche und soziale Zusammenhänge
- Betriebsräume und Betriebseinrichtungen
- Hauswirtschaftliche Versorgungsleistungen
- Hauswirtschaftliche Betreuungsleistungen

Musterstadt, den 02. August 2012

________________ ________________

Unterschrift Personalleiter Unterschrift Ausbilderin

4.2.3 Beispiel für ein qualifiziertes Ausbildungszeugnis

Seniorenzentrum „Haus am Stadtpark“

Parkallee 96-98
99887 Musterstadt

Tel. 0123/1234-56
Fax. 0123/1234-57
Mail: info@haus.am.stadtpark.de
www.haus.am.stadtpark.de

Ausbildungszeugnis

Sandra Neumann, geb. am 27.08.1992, hat in unserem Seniorenzentrum mit 50 Bewohnern vom 01.08.2009 bis zum 31.07.2012 die Ausbildung zur Hauswirtschafterin absolviert.

Sie war in den Abteilungen

- Küche und Service
- Wäscherei
- Reinigungsdienst und
- Wohnbereiche

eingesetzt und wurde dort in allen von der Ausbildungsverordnung geforderten Inhalten ausgebildet.

Frau Neumann brachte dem Betrieb und dem Ausbildungsberuf von Beginn an ein sehr großes Interesse entgegen. Sie hat eine hohe Auffassungsgabe und kann Erlerntes problemlos auf neue Situationen übertragen. Sie zeichnete sich bald durch sehr große Selbstständigkeit aus, war stets fleißig, sorgfältig und zuverlässig.

Frau Winter erledigte alle hauswirtschaftlichen Versorgungs- und Betreuungsaufgaben stets zu unserer vollsten Zufriedenheit. Im Umgang mit unseren Gästen war sie stets freundlich und zuvorkommend. Besonders gegenüber unseren Bewohnern, die an Demenz erkrankt sind, zeigte sie viel Einfühlungsvermögen.

Frau Winter begleiten unsere besten Wünsche für ihren weiteren beruflichen Weg.

Musterstadt, den 02. August 2012

\- - - - - - - - - - - - - - -
Unterschrift Personalleiter

\- - - - - - - - - - - - - - -
Unterschrift Ausbilderin

4.3 Berufskarriere, Fort- und Weiterbildungsmöglichkeiten

Frühzeitig sollte mit der Personalabteilung geplant werden, ob die Auszubildende als Fachkraft befristet oder unbefristet übernommen werden kann. Wenn dies von vornherein ausgeschlossen wird, geben Sie der Auszubildenden frühzeitig ausreichend Zeit zur Arbeitsplatzsuche.

Die angehende Hauswirtschafterin soll spätestens zum Ende der Ausbildungszeit die Fort- und Weiterbildungsmöglichkeiten in der Hauswirtschaft kennen lernen (siehe auch Berufsbildposition 1 der Ausbildungsverordnung: „Möglichkeiten der beruflichen Fortbildung nennen und Informationen einholen").

Von der Fachhauswirtschafterin, Wirtschafterin, Meisterin der Hauswirtschaft, hauswirtschaftlichen Betriebsleiterin bis hin zum Fachhochschulstudium und Universitätsstudium gibt es zahlreiche Entwicklungschancen.

Neben diesen Fort- und Weiterbildungen mit staatlichen Abschlüssen besteht im Berufsleben ein permanenter Fortbildungsbedarf (s. Unterkapitel Fortbildungskonzept im Handlungsfeld 5 „Mitarbeiterführung und Zusammenarbeit im Betrieb"). Weisen Sie die Auszubildenden von Anfang an darauf hin, dass ständig Veränderungen auf sie zukommen werden.

Reinigungstechniken, die Auszubildende im 1. Ausbildungsjahr erlernen, können zum Ende der Ausbildung nach drei Jahren schon veraltet sein. Auch gesetzliche und gesellschaftliche Forderungen verlangen ein Umdenken. Das hat lebenslanges Lernen zur Folge.

So vertiefen Sie das Thema:

Erstellen Sie eine Mindmap, mit der Sie die Veränderungen der letzten drei Jahre in Ihrem Betrieb darstellen.
Überprüfen Sie zukünftig in Ihrer Verantwortung als Ausbilder, ob die geplanten Inhalte noch auf dem aktuellen Stand sind.

Für Fort- und Weiterbildungen gibt es zahlreiche staatliche Förderungen, z.B.

- Meisterbafög: www.meister-bafoeg.info
- Bildungsscheck (zzt. nur in NRW) www.bildungsscheck.nrw.de
- Bildungsprämie www.bildungspraemie.info
- Begabtenförderung www.begabtenfoerderung.de
- Bildungsurlaub mit unterschiedlichen Regelungen in den Bundesländern

Handlungsfeld 5

Mitarbeiterführung
und Zusammenarbeit im Betrieb

5.1 Führung und Mitarbeiterführung

Als hauswirtschaftliche Führungskraft benötigen Sie neben Ihrer soliden hauswirtschaftlichen Erstausbildung Führungsqualitäten. Soziale Kompetenzen, auch Personal- und Methodenkompetenzen werden von Ihnen gefordert.

Ihr persönliches Anforderungsprofil als Leitungskraft:

- kommunikativ
- durchsetzungsfähig
- kritikfähig
- teamfähig
- belastbar
- zuverlässig
- motivierend
- verantwortungsbewusst
- sicheres Auftreten
- positives Erscheinungsbild
- kundenorientiert
- selbstständig
- an Fortbildung interessiert
- kreativ

Als Führungskraft geben Sie die Richtung der Abteilung vor, zeichnen klare Linien und müssen Entscheidungen treffen können. Die oberste Leitung hat an Sie die Aufgabe delegiert, die Unternehmensziele für den Bereich Hauswirtschaft zu leben und umzusetzen.
Jede Führungskraft muss ihren eigenen Führungsstil finden. Niemand verkörpert die reine Form der drei wichtigsten Führungsstile

- autoritär
- laisser-faire
- kooperativ

autoritär	Die autoritäre Leitungskraft gewährt Mitarbeitern keine freie Entfaltung. Sie macht im sehr engen Rahmen Vorgaben, an die sich andere ohne Diskussion zu halten haben. Sie ist von sich überzeugt und lässt wenig Kritik zu.
laisser-faire	Die Leitungskraft, die alles „laufen lässt“, ist nicht wirklich eine Leitungskraft. Sie nimmt wenig Einfluss auf die Gestaltung des Arbeitsprozesses und auf die Entwicklung der Mitarbeiter. Ergebnisse ihrer Führungsarbeit sind rein zufällig.
kooperativ	Die kooperative Leitungskraft motiviert ihre Mitarbeiter, indem sie sie an Entscheidungsprozessen beteiligt. Ideen anderer kann sie akzeptieren und in den gemeinsamen Erfolg integrieren.

Führen heißt neben „Managen“ vor allen Dingen „Fordern und Fördern“. Sie begleiten Mitarbeiter in den verschiedenen Phasen ihrer Betriebszugehörigkeit:

- bei der Auswahl und Einarbeitung
- bei Zielfindungen
- bei Veränderungen und Entwicklungen
- bei Konflikten

Welche Bedeutung die Mitarbeiter und damit die Mitarbeiterförderung hat, sei hier an einem Zitat eines amerikanischen Managers verdeutlicht:

> „Nehmt mir meine Leute weg, aber lasst mir meine Fabriken, und bald wird Gras aus dem Boden der Werkshallen sprießen. Nehmt mir meine Fabriken weg, aber lasst mir meine Leute da, und bald werden wir eine neue und bessere Fabrik haben.“ *Andrew Carnegie*

5.2 Mitarbeitergespräche

Mitarbeitergespräche spielen für die Motivationslage der Mitarbeiter in allen Phasen eine entscheidende Rolle, z. B.

- Vorstellungsgespräche
- Beurteilungsgespräche
- Zielfindungsgespräche
- Jahresgespräche
- Kritikgespräche
- Konfliktgespräche

Bevor die einzelnen Mitarbeitergespräche näher beschrieben werden, machen Sie sich mit den Grundregeln der Kommunikation vertraut bzw. frischen Sie diese aus Ihrer eigenen Ausbildungszeit wieder auf.

5.2.1 Grundlagen der Kommunikation

Das Modell der Vier Ohren von Schulz von Thun

Das Wort „Kommunikation“ kommt aus dem Lateinischen. Dort heißt „communicare“ so viel wie „(etwas) gemeinsam machen“. Bezogen auf die Mitarbeitergespräche heißt dies: sich gemeinsam austauschen.

Der Austausch geschieht aber nicht nur mit Worten (verbal) sondern gleichzeitig über die Körpersprache (non-verbal), die sich in der Mimik, Gestik, der Blickrichtung und dem Klang der Sprache („Der Ton macht die Musik“) äußert.

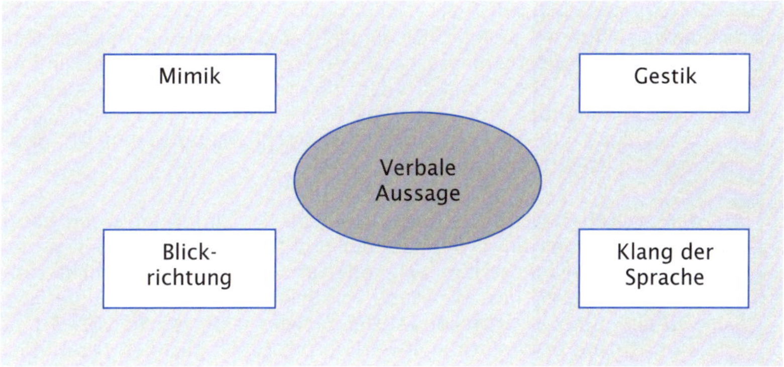

Selbst wenn keine verbale Aussage gemacht wird, kommunizieren Menschen miteinander. Vom Kommunikationswissenschaftler und Psychoanalytiker Paul Watzlawick stammt die These: „Man kann nicht nicht kommunizieren“.

Tatsächlich wird die non-verbale Kommunikation stärker als die verbale wahrgenommen. An die Inhalte einer Aussage erinnert man sich längst nicht so lange wie an den Tonfall, die Mimik und Gestik, mit der die Worte ausgesprochen wurden.

Der Psychologe und Kommunikationstrainer Friedemann Schulz von Thun beschreibt den Kommunikationsvorgang als ein Zusammenspiel von Sender, Empfänger und der Nachricht.

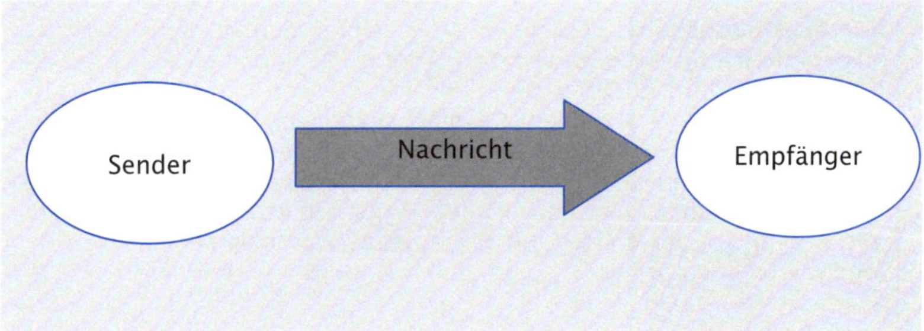

In seinem Kommunikationsmodell (siehe folgende Seite) geht er davon aus, dass eine Nachricht vier Seiten hat:

- die Seite des Sachinhalts
- des Appells
- der Beziehung
- und der Selbstoffenbarung.

Hieraus entwickelte er das Modell der vier Ohren.

„Schulz von Thun hat daher 1981 die vier Seiten einer Äußerung als Quadrat dargestellt und dementsprechend dem Sender "vier Schnäbel" und dem Empfänger "vier Ohren" zugeordnet. Psychologisch gesehen sind also, wenn wir miteinander reden, auf beiden Seiten 4 Schnäbel und 4 Ohren daran beteiligt, und die Qualität des Gespräches hängt davon ab, in welcher Weise diese zusammen spielen.

Auf der **Sachebene** des Gesprächs steht die Sachinformation im Vordergrund, hier geht es um Daten, Fakten und Sachverhalte. Dabei gilt zum einen das Wahrheitskriterium wahr oder unwahr (zutreffend/nicht zutreffend), zum anderen das Kriterium der Relevanz (sind die aufgeführten Sachverhalte für das anstehende Thema von Belang/nicht von Belang?) und zum Dritten erscheint das Kriterium der Hinlänglichkeit (sind die angeführten Sachhinweise für das Thema ausreichend, oder muss vieles andere auch bedacht sein?) Für den Sender gilt es also den Sachverhalt klar und verständlich zu vermitteln. Der Empfänger, der das Sachohr aufgesperrt hat, hört auf: die Daten, Fakten und Sachverhalte und hat entsprechend der drei genannten Kriterien viele Möglichkeiten einzuhaken.

Selbstkundgabe: Wenn jemand etwas von sich gibt, gibt er auch etwas von *sich* . Jede Äußerung enthält auch, ob ich will oder nicht, eine Selbstkundgabe, einen Hinweis darauf, was in mir vorgeht, wie mir ums Herz ist, wofür ich stehe und wie ich meine Rolle auffasse. Dies kann explizit ("Ich-Botschaft") oder implizit geschehen. Dieser Umstand macht jede Nachricht zu einer kleinen Kostprobe der Persönlichkeit, was dem Sender nicht nur in Prüfungen und in der Begegnung mit Psychologen einige Besorgnis verursachen kann. Während der Sender also mit dem Selbstkundgabe-Schnabel, implizit oder explizit, Informationen über sich preis gibt, nimmt der Empfänger diese mit dem Selbstkundgabe-Ohr auf: Was sagt mir das über den Anderen? Was ist der für einer? Wie ist er gestimmt? etc...

Die **Beziehungsseite**. Ob ich will oder nicht: Wenn ich jemanden anspreche, gebe ich (durch Formulierung, Tonfall, Begleitmimik) auch zu erkennen, wie ich zum Anderen stehe und was ich von ihm halte — jedenfalls bezogen auf den aktuellen Gesprächsgegenstand. In jeder Äußerung steckt somit auch ein Beziehungshinweis, für welchen der Empfänger oft ein besonders sensibles (über)empfindliches Beziehungs-Ohr besitzt. Aufgrund dieses Ohres wird entschieden: "Wie fühle ich mich behandelt durch die Art, in der der andere mit mir spricht? Was hält der andere von mir und wie steht er zu mir?"

Appellseite: Wenn jemand das Wort ergreift und es an jemanden richtet, will er in der Regel auch etwas bewirken, Einfluss nehmen; den anderen nicht nur erreichen sondern auch etwas bei ihm erreichen. Offen oder verdeckt geht es auf dieser Ebene um Wünsche, Appelle, Ratschläge, Handlungsanweisungen, Effekte etc. Das Appell-Ohr ist folglich besonders empfangsbereit für die Frage: Was soll ich jetzt machen, denken oder fühlen?“

Quelle: www.schulz-von-thun.de

Dazu ein Beispiel aus dem hauswirtschaftlichen Arbeitsalltag.

Die Hauswirtschaftsleitung sagt zur Reinigungsmitarbeiterin:

„Ihr Reinigungswagen ist unordentlich."

Die Reinigungskraft hört …

auf dem Sachohr	Mein Reinigungswagen ist unordentlich.
auf dem Selbstoffenbarungsohr	Die Hauswirtschaftsleitung ist verärgert darüber, dass mein Reinigungswagen unordentlich ist.
auf dem Beziehungsohr	Die Hauswirtschaftsleitung zeigt mir ganz deutlich, wer hier das Sagen hat.
auf dem Appellohr	Ich soll jetzt sofort meinen unordentlichen Reinigungswagen aufräumen.

So vertiefen Sie das Thema:

Beobachten Sie im Arbeitsalltag, auf welchem der vier Ohren Ihre Gesprächspartner hören. Üben Sie sich darin, herauszubekommen, auf welchem Ohr Sie selbst hören.

Ich-Botschaften und Du-Botschaften

Ich-Botschaften drücken aus, wie der Sender einen Sachverhalt sieht oder empfindet, z. B. sagt die Hauswirtschaftsleitung zur Servicemitarbeiterin:

- Ich habe beobachtet, dass Sie das Büffet nicht ordentlich aufgebaut haben.
- Ich habe festgestellt, dass Sie im Spätdienst das Geschirr nicht in die Schränke geräumt haben.

Du-Botschaften dagegen verallgemeinern und greifen den Empfänger an. Sie verhindern eine gute Kommunikation, z. B.

- Sie bauen nie das Büffet ordentlich auf.
- Immer vergessen Sie im Spätdienst, das Geschirr in die Schränke zu räumen.

Der Sender verlässt mit den Du-Botschaften die Sachebene und treibt den Empfänger, dem er solche verallgemeinernde Vorwürfe macht, in die Ecke. So können Konflikte entstehen bzw. eskalieren. Vermeiden Sie deshalb Aussagen wie:

- „immer …"
- „nie…"
- „schon wieder …"
- „du könntest auch mal…"
- „du bist Schuld, dass…"

Aktives Zuhören

Aktives Zuhören signalisiert dem Gegenüber, dass Sie ihm Ihre volle Aufmerksamkeit widmen. Er fühlt sich und sein Anliegen ernst genommen. Sie hören aktiv zu, wenn Sie

- sich für ein Gespräch Zeit nehmen und nicht ständig auf die Uhr schauen
- den anderen ausreden lassen
- dabei Blickkontakt zum Gegenüber halten
- kurze Rückmeldungen geben
- Rückfragen stellen
- mit Mimik und Gestik zeigen, dass Sie sich für die Aussagen des anderen interessieren
- Mimik und Gestik dem Gesprächsanlass und -inhalt anpassen.

Offene Fragen

Mit offenen Fragen regen Sie ein Gespräch an. Der Gesprächspartner ist motiviert, einen Sachverhalt oder seine Meinung näher zu erläutern.

Offene Fragen beginnen mit den Fragewörten „wie", „welche", „was".

- Wie beurteilen Sie Ihren Arbeitseinsatz?
- Was machen Sie, wenn sich drei Kollegen krank melden?
- Welche Einstellung haben Sie zu unseren Kunden?
- Wie können wir Ihre Lage gemeinsam verbessern?

Auf die Frageworte „Warum“ und „weshalb“ lässt sich zwar auch ausführlich antworten, sie bringen den Gefragten aber in eine „Verteidigungsposition“ . Besser sind die Fragen „wie kam es dazu?“ oder „was hat Sie veranlasst, ...?“

- Wie kam es dazu, dass Frau Müller und Sie sich vor den Seminargästen im Restaurant laut gestritten haben?
- Was hat Sie veranlasst, Waren in Höhe von X Euro ohne Rücksprache zu bestellen?

Geschlossene Fragen eignen sich nur, wenn Sie Fakten erfragen möchten. Sie sind mit „ja“ oder „nein“ oder einem einzigen Wort zu beantworten, z. B.

- Haben Sie die Temperaturen der Kühlräume aufgezeichnet?
- Sind Sie gestern früher von der Arbeit nach Hause gegangen?
- Wo haben Sie die Dokumente hingelegt?

So vertiefen Sie das Thema:

Beobachten Sie sich selbst: Setzen Sie Ich-Botschaften ein? Können Sie aktiv zuhören? Verwenden Sie offene Fragen, wenn Sie ein Gespräch in Fluss bringen möchten?

5.2.2 Das Vorstellungsgespräch

(Rahmenbedingungen für ein Vorstellungsgespräch siehe Handlungsfeld 2 „Ausbildung vorbereiten und bei der Einstellung von Auszubildenden mitwirken“)

Sie möchten sich im Vorstellungsgespräch ein Bild von der Bewerberin machen, das durch das Studium der Bewerbungsunterlagen allein noch zu ungenau ist.

Setzen Sie immer offene Fragen ein, die der Bewerberin die Möglichkeit geben, ausführlich zu antworten. Geschlossenen Fragen sind nur für das Erfragen von Fakten geeignet.

Beispiele für offene Fragen im Vorstellungsgespräch

Stellvertretende Hauswirtschaftsleitung

- Was bedeutet für Sie Kundenorientierung? Wie haben Sie sie in Ihrer letzten Arbeitsstelle umgesetzt?
- Wie sah Ihr bisher größter beruflicher Erfolg aus?
- Wie gehen Sie mit Stresssituationen um, z. B.: Sie kontrollieren eine Anlieferung mit TK-Ware, die Auszubildende bestürmt Sie mit Fragen, das Telefon klingelt, der Kombidämpfer hupt, ein Vertreter steht an der Tür ...
- Zu Ihren Aufgaben gehört es, die Reinigungsfirma zu kontrollieren. Welche Erfahrungen haben Sie bisher mit Reinigungsfirmen gemacht?
- Sie schreiben in Ihrem Bewerbungsschreiben, dass Sie sich für die karitative Organisation XY engagieren. Was sind Ihre Motive dafür?

Küchenleitung

- Nach welchem Verpflegungskonzept würden Sie gerne arbeiten?
- Wie gehen Sie mit Kundenbeschwerden um?
- Welche Instrumente setzen Sie zur Motivation von Küchenhilfen ein?
- Sie haben schon Ihre Ausbildung in einem Alten- und Pflegeheim gemacht. Was motiviert Sie, in der Altenhilfe zu arbeiten?
- Sie wollen mit Ihrem Team die Hygienestandards überprüfen. Wie gehen Sie vor?
- Ihr Küchenteam möchte eine Kundenbefragung durchführen. Was möchten Sie von Ihren Kunden erfahren?
- An welchen Punkten können/müssen Ihrer Meinung nach Pflege und Küche eng kooperieren?
- Wie haben Sie seit dem Ende Ihrer Ausbildung Ihre betriebswirtschaftlichen Kenntnisse erweitert?

Mitarbeiterin im Reinigungsdienst

- Nach welcher Reinigungsmethode für die Fußbodenreinigung haben Sie bisher gearbeitet?
- Wie verhalten Sie sich, wenn während der Reinigungsarbeit der Bewohner in seinem Zimmer sitzt?
- Ein Bewohner beschwert sich bei Ihnen, dass sein Bad nicht richtig sauber ist. Wie verhalten Sie sich?
- Wie wichtig ist es für Sie, nach der Familienpause wieder zu arbeiten?

Ihre Fragen sollten Sie so vorbereiten, dass Sie anhand der Antworten beurteilen können, welche Kriterien aus dem Anforderungsprofil die Bewerberin erfüllt. Mit der Frage: „Wie sah Ihr bisher größter beruflicher Erfolg aus?" können Sie etwas über deren

- Fachkompetenz
- Kommunikationsfähigkeit, Ausdruck
- Teamfähigkeit
- Verantwortungsbewusstsein
- Motivation
- Kreativität

erfahren.

5.2.3 Das Beurteilungsgespräch

(Durchführung und Rahmenbedingungen von Beurteilungsgesprächen siehe auch Kapitel „Leistungsbeurteilung“ im Handlungsfeld 3)

Beurteilungsanlässe und -kriterien sind bei fest angestellten Mitarbeitern andere als bei Auszubildenden.

Zeitpunkte und Anlässe für Beurteilungsgespräche können sein:

- am Ende der Probezeit
- zur Förderung der beruflichen Laufbahn
- in Veränderungsprozessen
- nach Qualifizierungsmaßnahmen

Die Beurteilungskriterien hängen vom Ziel und Zweck des Gespräches ab. Bewertet werden können z. B.:

Fach- und Methodenkompetenz
- Kenntnisse
- Fertigkeiten
- Arbeitsorganisation
- Arbeitstempo
- Ergebnisqualität der geleisteten Arbeit

Soziale Kompetenzen
- Verhalten im Team
- Kritikfähigkeit
- Hilfsbereitschaft
- Toleranz

Loyalität zur Einrichtung
- Kenntnis und Umsetzung des Leitbildes
- Kenntnis und Umsetzung der Ziele der Einrichtung
- Auftreten in der Öffentlichkeit
- Einsatzbereitschaft
- Verschwiegenheit

Persönliche Kompetenzen
- Lernbereitschaft
- Entscheidungsfreude
- Durchsetzungsfähigkeit
- Verantwortungsbewusstsein
- Weitsicht

5.2.4 Das Zielfindungsgespräch

Bevor Sie sich auf ein Zielfindungsgespräch vorbereiten, machen Sie sich noch einmal mit den Kriterien für gute Zielformulierungen vertraut.

Kriterium	Schlechte Formulierung	Gute Formulierung
Ein Ziel ist konkret.	Der Wäschekreislauf soll reibungsloser ablaufen.	Die Mitarbeiter arbeiten nach festgeschriebenen Standards für den Wäschekreislauf.
Ein Ziel beschreibt Tatsachen, keine Absichtserklärungen.	Durch eine neue Reinigungstechnik soll sich die m^2-Leistung erhöhen.	Durch die neue Reinigungstechnik erhöht sich die m^2-Leistung.
Ein Ziel ist realistisch.	Innerhalb von vier Wochen sind alle Schnittstellenprobleme zwischen Pflege und Hauswirtschaft gelöst.	In den nächsten vier Wochen erarbeiten die Mitarbeiter aus Pflege und Hauswirtschaft Lösungen für folgende Schnittstellenprobleme: ...
Ein Ziel ist knapp und verständlich.	Das Küchenteam, zu welchem der Koch, die Fachkräfte und die angelernten Kräfte zählen, nehmen alle an einer Hygieneschulung teil, die die Forderungen der EU-VO 852/2004 und des Infektionsschutzgesetzes erfüllen, damit sie hygienischer arbeiten.	Alle Mitarbeiter der Küche nehmen an den gesetzlich vorgeschriebenen Hygieneschulungen teil.
Ein Ziel ist positiv formuliert.	Die Abteilung Hauswirtschaft führt eine Kampagne zur Bekämpfung des schlechten Images durch.	Die Abteilung Hauswirtschaft präsentiert sich interessant und abwechslungsreich beim Tag der offenen Tür.
Ein Ziel ist zeitlich definiert.	In nächster Zeit erstellen wir ein Konzept zur Ausbildung in unserer Einrichtung.	Bis zur nächsten Abteilungskonferenz am 15.04. erstellt die Hauswirtschaftsleitung ein Konzept zur Ausbildung in unserer Einrichtung.
Ein Ziel ist aktiv formuliert.	Die Teilnehmer werden motiviert.	Die Trainerin motiviert die Teilnehmer.

Zielfindungsgespräche werden schwerpunktmäßig in Veränderungsprozessen eingesetzt. Sie können die Gespräche sowohl mit der ganzen Abteilung Hauswirtschaft, mit einem Teilbereich oder mit einzelnen Mitarbeitern führen.

In ein Zielvereinbarungsgespräch gehen Sie als Leitungskraft nicht mit fertig formulierten Zielen. Ziele, die Ihre Mitarbeiter mit erarbeiten, haben einen weitaus größeren Wert. Sie fördern und fordern Ihre Mitarbeiter. Die gemeinsam schriftlich festgelegten Ziele sind Grundlage für konkrete Maßnahmen. Nach einem festgelegten Zeitraum überprüfen Sie gemeinsam, ob und in welcher Qualität die Ziele erreicht sind.

Beispiel für einen Zielvereinbarungsprozess

Situation: Die Einrichtungsleitung hat mit den Abteilungsleitungen das Ziel vereinbart, innerhalb von 12 Monaten für jede Abteilung ein Bereichshandbuch zu erstellen.
Sie vereinbaren nun mit Ihren Mitarbeitern Ziele zur Erstellung eines Bereichshandbuches Hauswirtschaft und laden sie zu einer Besprechung ein. Als Leitfaden für die Besprechung können Sie nach folgendem Schema vorgehen: (in Anlehnung an Arnold, Krämer-Stürzl, Siebert: Dozentenleitfaden, Berlin 1999)

Erster Schritt: Arbeitsergebnisse der zurückliegenden Zeit

- Was ist bisher erreicht worden?
- Welche qualitätsrelevanten Unterlagen haben wir?
- Welche sind gut, welche weniger gut?
- Wie sind wir dazu gekommen?

Zweiter Schritt: Zukünftige Aufgaben

- Welche Unterstützung ist notwendig, um Arbeits- und Verfahrensanweisungen zu schreiben?
- Welche Kompetenzen brauchen wir, um Standards zu formulieren?
- Wie gestalten wir den Dokumentenaufbau?

Dritter Schritt: Zwischenbilanz

- Fließen die Informationen, die gebraucht werden?
- Wie groß ist der Gestaltungs- und Handlungsspielraum?
- Wie läuft die Zusammenarbeit zwischen Hauswirtschaftsleitung und Mitarbeitern und zwischen den Mitarbeitern untereinander?

Vierter Schritt: Gemeinsame Vereinbarungen

- Welche Ziele werden formuliert?
- Welche Maßnahmen werden daraus abgeleitet?
- Welche Qualifikationen brauchen die Mitarbeiter zusätzlich?
- Wer ist für welches Ziel zuständig?

Beispiele für Ziele und Maßnahmen

Ziel	Maßnahme
Die Küchenleitung legt bis zum 30. 09. ein schriftliches Verpflegungskonzept vor.	〉 Fortbildung der Küchenleitung und Stellvertretung zum Thema Konzeptionsentwicklung 〉 Festlegen von Zuständigkeiten 〉 Erarbeiten eines Konzeptes
Die Mitarbeiter der Wäscherei erstellen bis zum 15.10. schriftlich formulierte Standards für den Wäschekreislauf.	〉 Festlegen von Aufgaben und Zuständigkeiten, z. B. für Standards der reinen und unreinen Seite 〉 Ausformulierung der Standards mit Hilfe der Hauswirtschaftsleitung
Die Mitarbeiter des Reinigungsdienstes erhalten bis zum 15.08. eine zweckmäßige und ansprechende Dienstkleidung	〉 Festlegen der Zuständigkeiten 〉 Mitarbeiterbefragung 〉 Überprüfen des Budgets 〉 Beschaffung und Ausgabe der Kleidung

Fünfter Schritt: Kontrolle der erreichten Ziele (zu einem konkret vereinbarten Termin)

- Welche Ziele wurden erreicht?
- Welche Ziele konnten nicht erreicht werden?
- Was ist zu tun, damit diese Ziele doch noch erreicht werden?

5.2.5 Das Kritikgespräch

In einem Kritikgespräch greifen Sie in einem Vier-Augen-Gespräch Situationen auf, in denen Sie mit der Mitarbeiterin unzufrieden waren.
Kritisieren Sie nicht zwischen Tür und Angel. Auch für ein Kritikgespräch gelten die oben genannten Rahmenbedingungen.
Kritisieren will gelernt sein. Sammeln Sie nicht Vorfälle über längere Zeit und konfrontieren die Mitarbeiterin dann mit einer ganzen Reihe von negativen Punkten. Kritisieren Sie zeitnah.

- Schildern Sie den Anlass eindeutig (wann, was, Begleitumstände).
- Nennen Sie konkret, womit Sie unzufrieden sind.
- Zeigen Sie die Folgen auf, wenn die Mitarbeiterin ihr Verhalten nicht ändert.
- Fordern Sie die Mitarbeiterin auf, Stellung zu nehmen.
- Suchen Sie gemeinsam nach Lösungen.
- Vereinbaren Sie konkrete Maßnahmen und Konsequenzen.

5.2.6 Das Jahresgespräch

Im Jahresgespräch planen Sie langfristig die Entwicklung der Mitarbeiterinnen. Anders als bei der Zielvereinbarung ist das Jahresgespräch immer ein Gespräch unter vier Augen.

Gemeinsam bewerten Sie das vergangene Jahr und entwickeln Ziele für den folgenden Zeitraum. Dabei haben Sie die Entwicklung der Einrichtung und die persönliche berufliche Weiterentwicklung der Mitarbeiterin im Auge.

Üblicherweise finden Jahresgespräche zum Ende des Jahres statt. In der Hauswirtschaft ist dies ein schlecht gewählter Zeitpunkt, da Advent, Weihnachten, Jahreswechsel und Inventur die Kräfte Ihrer Mitarbeiter anderweitig binden. Hier bietet sich eher Ende Januar/Anfang Februar an, aber auch andere Monate sind möglich. Beachten Sie nur, dass Sie die Gespräche regelmäßig ansetzen und der Zeitraum von einem Jahr nicht überschritten wird.

Das Jahresgespräch ist kein Kritikgespräch. Es wäre ein schlechter Führungsstil, die Kritikpunkte eines Jahres zu sammeln und sie in diesem Gespräch vorzutragen.

Vorbereitung des Jahresgespräches

- Sichten Sie das Protokoll des letzten Jahresgespräches.
- Sichten Sie das aktuelle Anforderungsprofil und die Stellenbeschreibung.
- Erstellen Sie einen Soll/Ist-Vergleich aus Ihrer Perspektive.
- Skizzieren Sie Ziele, über die Sie mit der Mitarbeiterin sprechen möchten (aber noch keine vorgefertigten Aufgaben oder Maßnahmen)
- Legen Sie die Grobstruktur des Gespräches fest.
- Bereiten Sie sich mit offenen Fragen auf das Gespräch vor.

Durchführung des Jahresgespräches

- Beginnen Sie nach der Gesprächseröffnung immer erst mit einer positiven Rückmeldung.
- Überprüfen Sie die Zielerreichung des letzten Jahres.
- Schauen Sie sich dann gemeinsam die Stärken und die Schwächen der Mitarbeiterin an.
- Überprüfen Sie, ob Anforderungsprofil und Stellenbeschreibung noch aktuell sind.
- Legen Sie neue Ziele und Maßnahmen fest.
- Geben Sie dabei der Mitarbeiterin genügend Raum, sich darzustellen.
- Nehmen Sie auch Kritik an Ihrer Führungsrolle an.

Beispiel für ein Jahresgespräch mit einer Hauswirtschafterin, die Sie vor einem Jahr nach ihrer Ausbildung mit einem zweijährigen Zeitvertrag übernommen haben.

Schwerpunkt des letzten Jahresgespräches
- Selbstständige Durchführung von Projekten zur gezielten Prüfungsvorbereitung
- Einsatz nach abgeschlossener Prüfung als stellvertretende Hauswirtschaftsleitung

Gesprächseröffnung mit positiver Rückmeldung
- Das Engagement und Interesse für den Beruf ist sehr deutlich.
- Der Übergang von Auszubildender zur Angestellten ist gut geglückt.
- Die Abschlussprüfung wurde zwischenzeitlich mit gutem Erfolg bestanden.

Stärken und Schwächen der stellvertretenden Hauswirtschaftsleitung
- Stärken: Fachkompetenz, Selbstständigkeit, Engagement im Qualitätszirkel „Kundenorientierte Speisenversorgung", Zuverlässigkeit, EDV-Dokumentation.
- Schwächen: Führungskompetenzen werden noch nicht deutlich genug, mangelndes Durchsetzungsvermögen.

Überprüfung Anforderungsprofil und Stellenbeschreibung
- Im Anforderungsprofil ist noch nichts zu ergänzen, die wichtigsten Punkte werden im Gespräch noch einmal vertieft.

Festlegung der Ziele und Maßnahmen für das nächste Jahr
- Ziel: Ausbau der Führungskompetenzen
  Maßnahmen: Fortbildung speziell für Berufsanfängerinnen zum Thema „Führung von hauswirtschaftlichen Mitarbeitern", monatliches Feedback-Gespräch mit der Hauswirtschaftsleitung
- Ziel: Selbstständige Urlaubsvertretung der Hauswirtschaftsleitung
  Maßnahme: Vertiefende Einarbeitung in die Dienstplangestaltung, in periodisch wiederkehrende Bestellungen und in die Organisation des gesamten Formularwesens.
- Beginn der Weiterbildung zur Meisterin der Hauswirtschaft oder zur hauswirtschaftlichen Betriebsleiterin
  Maßnahmen: Informationen über beide Weiterbildungsmöglichkeiten beschaffen, Entscheidung treffen.

Kritik an der Hauswirtschaftsleitung
- Positiv: motivierend und unterstützend; fachkompetente Beratung, lässt genug Freiraum.
- Negativ: Überforderung in der Zeit vor der Prüfung und in der ersten Zeit als Angestellte, zu selten „vor Ort".

So vertiefen Sie das Thema:

Überlegen Sie, wie Sie das Jahresgespräch nachbereiten.

5.2.7 Das Konfliktgespräch

Konflikte am Arbeitsplatz

- lähmen eine gute Zusammenarbeit im Team
- haben Auswirkung auf das Betriebsklima
- senken die Arbeitsleistung
- haben meist negative Auswirkungen auf Kunden
- sind aber auch eine Chance für Veränderungen.

Konflikte entstehen, wo Menschen zusammenarbeiten. Menschen sind zu verschieden, als dass ein Team immer reibungslos funktioniert. Die Ursachen sind so zahlreich wie die Menschen unterschiedlich sind, z. B.

- sprachliche Missverständnisse
- unterschiedliche Charaktere
- verschiedene Vorgehensweisen
- fehlende Abgrenzungen
- unklare Vorgaben.

Wenn Konflikte das Arbeitsklima und die Arbeitsleistung belasten, müssen Sie als Vorgesetzte reagieren. In einem Konfliktgespräch bringen Sie die streitenden Parteien an einen Tisch. Sind Sie selbst in den Konflikt involviert, brauchen Sie eine dritte Person, die von außen den Konflikt zwischen Ihnen und Ihren Mitarbeiterinnen moderiert.

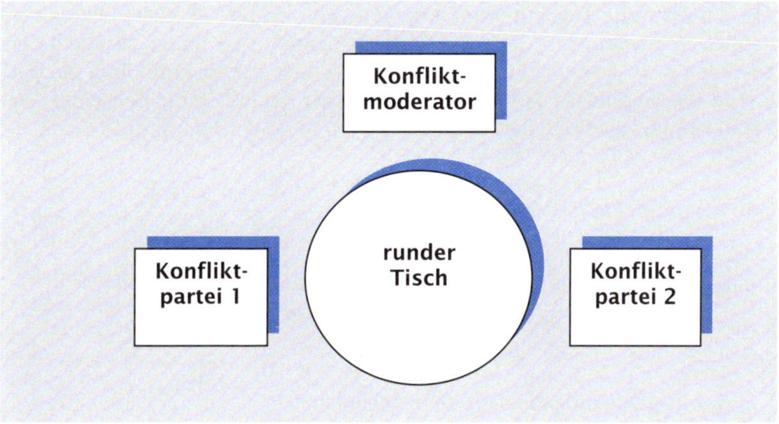

Vorrangiges Ziel von Konfliktgesprächen ist, dass die Konfliktparteien selbst eine Lösung finden. Sie wird von ihnen eher akzeptiert und realisiert als von oben aufgesetzte Entscheidungen. Sie als Konfliktmoderator leisten lediglich Hilfestellung bei der Suche nach Lösungen. Keine der Konfliktparteien soll sich als Verlierer fühlen. Aber bis es so weit ist, müssen Sie zunächst gemeinsam den Konflikt analysieren.

Auch für Konfliktgespräche gelten die oben genannten Rahmenbedingungen. Wichtig ist insbesondere, dass Sie ungestört und mit ausreichend Zeit an der Lösung arbeiten können.

Ablauf eines Konfliktgespräches

- Beide Parteien schildern ihre Sicht des Sachverhalts - ohne dass der andere sie unterbricht: Was ist passiert? Wann? Wer ist betroffen? Wie lange hält der Konflikt schon an?
- Gemeinsame Bewertung der aktuellen Situation: Wie stark ist der Konflikt eskaliert? Wie sehr beeinträchtigt er den Arbeitsalltag? Welche persönlichen Auswirkungen hat er?
- Beide Parteien nennen aus ihrer Sicht mögliche Gründe, die den Konflikt ausgelöst haben könnten – ohne dass der andere sie unterbricht.
- Beide Parteien beschreiben, was sie bisher unternommen haben, um den Konflikt zu lösen
- Beide Parteien erklären ihre Bereitschaft, dass sie an einer echten, dauerhaften Konfliktlösung interessiert sind: ohne diese Bereitschaft sind die nächsten Schritte nicht möglich.
- Sie sammeln und bewerten gemeinsam Ideen und Lösungsvorschläge.
- Sie entscheiden über Lösungsvorschläge.
- Beide Parteien formulieren Maßnahmen, die zur Durchführung dieser Lösung notwendig sind.
- Sie zeigen auf, welche Hilfe sie zur Umsetzung der Maßnahmen benötigen und verabreden sich, die Maßnahmen umzusetzen.
- Sie legen einen Zeitpunkt fest, an dem sie prüfen möchten, ob die Maßnahmen durchgeführt wurden und der Konflikt beigelegt ist.

Als Moderatorin in einem Konfliktgespräch verhalten Sie sich vollkommen neutral. Sie leiten das Gespräch, achten darauf, dass jeder den anderen ausreden lässt, hören aktiv zu, bringen Methoden zur Ideenfindung ein und fassen die Ergebnisse zusammen (siehe auch Kapitel „Aufgaben einer Moderatorin" im Handlungsfeld 3).

So vertiefen Sie das Thema:

Führen Sie ein Rollenspiel mit zwei Konfliktparteien und einer Moderatorin durch.

Eine Auszubildende beklagt sich bei Ihnen bitter darüber, dass die Arbeitsanleiterin in der Wäscherei sie jetzt schon in der dritten Woche hintereinander ausschließlich Hemden bügeln lässt. Sie fühlt sich benachteiligt und meint, dass sie nicht genug lernt. Ihr Versuch, den Konflikt allein zu lösen, ist fehlgeschlagen, da die Arbeitsanleiterin ihr nicht in Ruhe zuhören will.

5.3 Einarbeitung neuer Mitarbeiter

Neue Mitarbeiterinnen müssen in ein bestehendes Hauswirtschaftsteam integriert werden. Eine systematische Einarbeitung gibt der neuen Mitarbeiterin fachliche, arbeitsorganisatorische und einrichtungsspezifische Unterstützung. Damit schaffen Sie gute Voraussetzungen, dass sie bald effektiv an ihrem neuen Arbeitsplatz selbstständig arbeiten kann.

Für jede neue Mitarbeiterin sollten Sie einen Ansprechpartner festlegen, der sie einarbeitet und an den sie sich in der Anfangsphase mit allen Fragen wenden kann.

In der ersten Einarbeitungsphase machen Sie die neue Mitarbeiterin mit den Kolleginnen und Vorgesetzten, mit ihrem Einsatzgebiet und den Kunden vertraut. Überreichen Sie ihr gleich am ersten Tag eine persönliche Einarbeitungsmappe, die sie in der Probezeit begleitet.

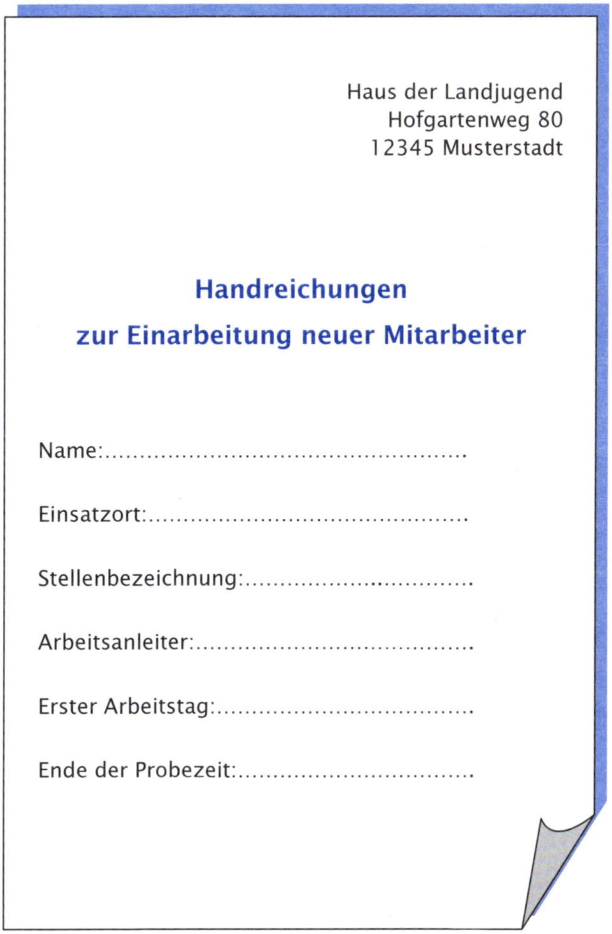

Haus der Landjugend
Hofgartenweg 80
12345 Musterstadt

Handreichungen
zur Einarbeitung neuer Mitarbeiter

Name:..

Einsatzort:..

Stellenbezeichnung:...............................

Arbeitsanleiter:.......................................

Erster Arbeitstag:...................................

Ende der Probezeit:.................................

Inhaltsverzeichnis Seite

Informationen am ersten Tag

- Vorstellung der Arbeitsanleiterin, der Vorgesetzten, der Einrichtungsleitung, der Arbeitskollegen
- Vorstellung im Personalbüro und in anderen Abteilungen
- Kommunikationsregeln im Umgang mit Kunden
- Besichtigung der Einrichtung
- Besichtigung der Arbeitsräume
- Besichtigung der Sozialräume
- Dienstplan
- Pausenregelungen
- Verhalten bei Arbeitsunfähigkeit
- Dienst- und Arbeitskleidung
- Schlüsselübergabe
- Regelungen für das Rauchen
- Alkoholverbot am Arbeitsplatz

Informationen in der ersten Woche

- Hygiene, Gesundheits- und Arbeitsschutz
- Arbeitsprozesse je nach Aufgabenbereich
- Leitbild der Einrichtung
- Leitziele der Hauswirtschaft
- Beginn der Einführung in das Bereichshandbuch Hauswirtschaft
- Arbeitsplatzbeschreibung/Stellenbeschreibung
- Hygiene- und Arbeitssicherheitsbeauftragter
- Betriebsrat
- Sitzungsstruktur
- Einhaltung des Dienstweges
- Angebot Mitarbeiterverpflegung
- Nutzung von Dienstleistungen der Einrichtung durch die Mitarbeiterin (z. B. Schwimmbad, Bibliothek)
- Abteilungsinterne Gepflogenheiten (z. B. Sammeln für Mitarbeitergeburtstag, Jubiläen)

Im Laufe der Probezeit holen Sie sich immer wieder ein Feedback, gegen Ende der Probezeit führen Sie ein Beurteilungsgespräch.

5.4 Fortbildungskonzept

Fort- und Weiterbildungsangebote an die Mitarbeiter sind ein wichtiges Element der Mitarbeiterförderung, aber auch der Wettbewerbsfähigkeit eines Betriebes. Es besteht aus fünf Elementen.

- Analyse des Fortbildungsbedarfs
- Erstellen eines Jahresprogramms
- Durchführung der Fortbildungen
- Überprüfung des Fortbildungserfolgs
- Bewertung des Fortbildungskonzepts

Ziel hauswirtschaftlicher Bildung ist, Mitarbeiter in die Lage zu versetzen, Aufgaben und Anforderungen an ihrem Arbeitsplatz nach dem aktuellen Stand des Fachwissens erfüllen zu können (Erwerb von beruflicher Handlungskompetenz). Neben Fach- und Methodenkompetenzen werden die Sozial- und Veränderungskompetenzen der Mitarbeiter gefördert.

5.4.1 Analyse des Fortbildungsbedarfs und Organisationsformen von Fortbildungen

Analysieren Sie den Fortbildungsbedarf nach folgenden Gesichtspunkten:

- Ihre eigenen Beobachtungen
- Soll/Ist-Vergleich von Anforderungsprofilen
- Ergebnisse von Zielfindungs- und Jahresgesprächen
- Kundenbeschwerden
- Qualitätsentwicklung
- aktuelle Information durch Fachpresse und Verbände
- Einführung neuer Techniken oder Systeme
- neue Gesetze und Verordnungen
- Wünsche Ihrer Mitarbeiter
- Umstrukturierungsmaßnahmen

Ziele eines Fortbildungsangebotes

- Fach- und Methodenkompetenzen erweitern
- Fachwissen auffrischen
- Führungskompetenzen erweitern
- Sozialkompetenzen stärken
- beruflichen Aufstieg ermöglichen
- auf aktuelle Veränderungen reagieren
- Qualität verbessern
- Beschäftigungsfähigkeit sichern
- Wettbewerbsfähigkeit der Einrichtung erhöhen
- Erfahrungen austauschen
- Kontakte mit Kollegen pflegen, Netzwerkarbeit
- Spaß und Freude am Lernen fördern
- Lernfähigkeit erhöhen
- Burn-out vorbeugen

Organisationsformen von Fortbildungen

- Seminare
  - Externe Seminare
  - Interne Seminare mit externen Trainern
  - Interne Seminare mit internen Trainern
  - Kombinationen aus Präsenzseminaren und Selbstlernphasen
- Lernen am Arbeitsplatz
  - Learning by doing
  - Einarbeitung neuer Mitarbeiter
  - Mitarbeitergespräche, Zielfindungsprozesse
  - Arbeiten in Projekten
  - Qualitätszirkel
  - Job-rotation
  - Kollegiale Beratung
  - Teilzeitstudium
- Lernen über Medien
  - Fernlehrgänge
  - e-learning
  - Fachbücher, Fachzeitschriften,
  - Veröffentlichungen von Verbänden
  - Newsletter
  - Internetrecherchen

5.4.2 Erstellen eines Jahresprogramms

Für ein Jahres- oder Halbjahresprogramm werden alle Bereiche des ermittelten Bedarfs nach Thema, Datum, Mitarbeiterin und Organisationsform der Fortbildung geordnet.
Dazu werden die verschiedenen Angebote von Bildungsträgern auf Inhalt, Zielsetzung, Qualität und Leistung hin verglichen. Grundlage für den Umfang des Gesamtkonzeptes bildet natürlich das Budget, das zur Verfügung steht. Es ist ratsam, nicht das gesamte Budget zu verplanen, sondern für aktuelle Fortbildungsangebote immer noch ein wenig Luft zu lassen. So kann auf dringende Forderungen flexibel und schnell reagiert werden.

Im Vorfeld jeder Fortbildungsmaßnahme führen Sie mit Ihren Mitarbeiterinnen ein Gespräch, in dem Sie folgende Eckpunkte besprechen:

- Zielsetzung für den Mitarbeiter und für die Einrichtung
- spezielle Fragestellungen, die geklärt werden sollen
- Anfertigung eines Fortbildungsprotokolls

5.4.3 Überprüfen des Fortbildungserfolgs

Um das Ergebnis einer Fortbildung zu sichern, nehmen Sie nach der Durchführung mit der Mitarbeiterin gemeinsam eine Bewertung vor.

- Bei Seminaren: Qualifikation des Dozenten
- Seminarinhalte und -unterlagen
- Transfer im betrieblichen Alltag
- Möglichkeiten des Mitarbeiters zum Erfahrungsaustausch
- Zeitlicher Umfang
- Erfüllung der Erwartungen

5.4.4 Bewertung des Fortbildungskonzepts

Um zu einer umfassenden Bewertung der Entwicklung Ihrer Mitarbeiter zu kommen, müssen immer Planung, Durchführung und Transfer einer Qualifizierungsmaßnahme bewertet werden. Die

- Beobachtung am Arbeitsplatz
- Befragung der Teilnehmer
- Bewertung des Veranstalters und
- Kundenbefragung

sind hier die geeigneten Instrumente. Ein schlechter Transfer hat fast immer seine Ursachen in einer unzureichenden Planung und in einer nicht zufrieden stellenden Durchführung der Qualifizierungsmaßnahme.

So vertiefen Sie das Thema:

Planen Sie ein Gespräch mit Ihrer Stellvertreterin, die nächste Woche an einer dreitägigen Fortbildung „Hygienekonzept in der Hauswirtschaft" teilnimmt. Überlegen Sie, was Sie mit ihr im Vorfeld besprechen und was nach dem Seminar.

5.5 Teamarbeit

Mitarbeiterinnen in einem hauswirtschaftlichen Betrieb arbeiten immer im Team. Keine Mitarbeiterin erbringt ihre Dienstleistung, ohne dass andere davon betroffen sind. Die Kompetenzen eines hauswirtschaftlichen Teams setzen sich nicht nur aus der Summe der Kompetenzen der einzelnen Mitglieder zusammen, sondern sie potenzieren sich durch den gemeinsamen Austausch.

Planungen, Ideen, Veränderungen und Optimierungsprozesse werden nicht von Einzelkämpfern kreiert, sondern entstehen durch eine gegenseitige Befruchtung im Team.

Ein Team entsteht in aller Regel nicht als freiwilliger Zusammenschluss, sondern eine Mitarbeiterin aus der Küche ist zwangsläufig Mitglied des Küchenteams. Deshalb ist eine Voraussetzung in der heutigen Arbeitswelt die „Teamfähigkeit". Sie wird zu Recht in jedem Anforderungsprofil genannt, ganz gleich, ob für eine Führungskraft, eine Fachkraft oder eine angelernte Kraft.

Teamfähig zu sein heißt:

- Ich arbeite mit anderen an den gleichen Zielen.
- Ich halte mich an vereinbarte Arbeitseinteilungen.
- Ich halte mich an Absprachen.
- Ich gebe Informationen weiter.
- Ich helfe anderen bei Schwierigkeiten.
- Ich beteilige mich an Besprechungen und äußere meine Meinung.
- Ich bin bereit, Kompromisse zu schließen.
- Ich trage mit Vorschlägen zur Entwicklung des Teams bei.
- Ich spreche Konflikte offen an.
- Ich rede nicht hinter dem Rücken anderer.
- Ich kann Kritik äußern und auch annehmen.
- Ich vertraue meinen Kolleginnen.

So vertiefen Sie das Thema:

Leiten Sie aus den Aussagen zur Teamfähigkeit und Ihren Erfahrungen am Arbeitsplatz Regeln für Teamarbeit ab. Überprüfen Sie, ob Ihr Lernteam diesen Regeln folgt.

Häufige Ursachen für Konflikte im Team:

- Mangelnde Kommunikation untereinander
- Neid, Eifersucht
- Unterschiedliche Werte und Normen (z. B. Ehrlichkeit)
- Schlechte/schwache Führung

Kleinere Konflikte können Sie mit den oben beschriebenen Instrumenten der Mitarbeitergespräche lösen. Für grundlegende Teamprobleme ist eine externe Begleitung anzuraten. Konfliktmoderatoren und Teamentwickler sind hier die richtigen Fachleute.

Literaturverzeichnis und Internetadressen

Literatur

Anonyme Alkoholiker deutscher Sprache, 1993: Junge Menschen und die AA, München

Arbeitskreis für die zuständigen Stellen für die Berufsbildung in der Hauswirtschaft (Hrsg.) 2000: Berichtsheft für den Ausbildungsberuf Hauswirtschafter/in, Münster

Arnold, Rolf u.a. 1999: Dozentenleitfaden. Planung und Unterrichtsvorbereitung in Fortbildung und Erwachsenenbildung, Berlin

Arnold, Rolf, Krämer-Stürzl, Antje 1999: Berufs- und Arbeitspädagogik. Leitfaden der Ausbildungspraxis in Produktions- und Dienstleistungsberufen, Berlin

Berufsverband Hauswirtschaft 2004: Aus- und Weiterbildungsberufe in der Hauswirtschaft, Weinstadt

Beuting-Lampe, Karin 2004: Auszubildende erobern die Hauswirtschaft. 50 Leittexte von A wie Arbeitsplanung bis Z wie Zimmerreinigung

Bundesinstitut für Berufsbildung (Hrsg.) 2000: Erläuterungen und Praxishilfen zur Ausbildungsverordnung über die Berufsausbildung Hauswirtschafter/Hauswirtschafterin, Nürnberg

Bundesministerium für Bildung und Forschung 2010: Berufsbildungsbericht 2010, Berlin

Bundesverband der Meisterinnen und Meister in der Hauswirtschaft 2002: Projektarbeit. Eine Methode der Vermittlung von Ausbildungseinheiten, Neumünster

Bundesverband der Meisterinnen und Meister in der Hauswirtschaft 2009: Prüfungsfragen für die schriftliche Abschlussprüfung Hauswirtschafter/-in. Eine Sammlung von bundesweiten Prüfungsfragen, Hambergen

Cramer, Günter, Schmidt, Hermann, Wittwer, Wolfgang (Hrsg.) 2000: Praxis-Know-how für Ausbilder. Handlungsfelder betrieblicher Bildungsarbeit, Loseblattsammlung, Neuwied, Köln, München

Klippert, Heinz 1994: Methoden-Training. Übungsbausteine für den Unterricht, Weinheim, Basel

Knoll, Jörg 1992: Kurs- und Seminarmethoden. Ein Trainingsbuch zur Gestaltung von Kursen und Seminaren, Arbeits- und Gesprächskreisen, Weinheim, Basel, Berlin

Krämer-Stürzl, Antje 1998: Handlungsorientierte Ausbilderqualifizierung. Ein integriertes Konzept, Hohengehren

Schnelle-Cölln, Telse, Schnelle, Eberhard 1998: Visualisieren in der Moderation, Hamburg

Schulz von Thun, Friedemann 1981: Miteinander reden: Störungen und Klärungen – Allgemeine Psychologie der Kommunikation, Hamburg

Siebert, Horst 2000: Didaktisches Handeln in der Erwachsenenbildung. Didaktik aus konstruktivistischer Sicht, Neuwied, Kriftel

Simpfendörfer, Dorothea (Hrsg.) 2005: Hauswirtschaft. Handreichung zur Ausbildung. Handlungskompetenz erwerben, Hamburg

Sprenger, Reinhard K. 2007: Mythos Motivation, Frankfurt/Main

Wack, Otto Georg u.a. 1998: Kreativ sein kann jeder. Kreativitätstechniken für Leiter von Projektgruppen, Arbeitsteams, Workshops und von Seminaren, Hamburg

Wittwer, Wolfgang (Hrsg.) 2001: Methoden der Ausbildung. Didaktische Werkzeuge für Ausbilder, Köln

Internetadressen

www.aid.de/lernen/ausbildung.cfm
aid Verbraucherschutz, Ernährung, Landwirtschaft e.V.

www.ausbildungplus.de
Zusatzqualifikationen in der Ausbildung - eine Seite des BIBB

www.bibb.de
Bundesinstitut für Berufsbildung

www.berufsverband-hauswirtschaft.de
Berufsverband Hauswirtschaft e. V.

www.bmas.de
Bundesministerium für Arbeit und Soziale

www.bmbf.de
Bundesministerium für Bildung und Forschung

www.dghev.de/index.php?arg=ZmFfZGV0YWls&id=9
Bundesarbeitsgemeinschaft Hauswirtschaft in der Deutschen Gesellschaft für Hauswirtschaft e.V.

www.gesetze-im-internet

www.ikkompetenz.thueringen.de
Landeszentrale für politische Bildung Thüringen

www.lwk-niedersachsen.de/index.cfm/portal/pruefungsfragenhauswirtschaft.html
Prüfungsfragen der Landwirtschaftkammer Niedersachsen

www.nibis.de
Niedersächsischer Bildungsserver

www.schulz-von-thun.de

www.verband-mdh.de
Bundesverband hauswirtschaftlicher Berufe MdH e.V (bis 2009 Bundesverband der Meisterinnen und Meister der Hauswirtschaft e. V.)

www.foraus.de
Forum für AusbilderInnen - eine Seite des BIBB